Francine

Saggi brevi

23

ISBN 88-06-12758-6

Piero Camporesi

Rustici e buffoni

Cultura popolare e cultura d'élite
fra Medioevo ed età moderna

Indice

Rustici e buffoni

«Errori popolari» e tradizioni popolari

Quando il «popolo» non era stato ancora scoperto e la gente comune collimava perfettamente col «volgo», la nozione di «cultura popolare» veniva a coincidere quasi contemporaneamente con quella di superstizione, di «errore», di «pregiudizio».

Con la perfetta lucidità e col profondo disprezzo d'aristocratico intellettuale *ancien régime* non ancora sfiorato dalla scoperta romantica del popolo, Giacomo Leopardi scriveva nel 1815 che il volgo,

> tenace dei suoi antichi costumi... lo è altresí delle sue antiche opinioni. Servo per nascita, esso lo è similmente per elezione. Le altre classi della società partecipano ancor esse agli errori del volgo, ma questi diconsi popolari, perché regnano in singolar modo nel popolo. Quindi la Storia degli errori popolari è equivalentemente quella dei pregiudizi... Bene spesso però, come tutto giorno avviene, i dotti parteciparono ai pregiudizi del volgo, o ne accrebbero il numero, col persuaderlo di qualche nuovo errore, e sotto tale aspetto essi non debbono considerarsi separatamente dal resto del popolo [1].

Diversamente dagli *Errori popolari d'Italia* (1645), in cui il medico romano Scipione Mercuri si limitava ad esaminare i pregiudizi attinenti alla salute secondo una chia-

[1] G. Leopardi, *Saggio sopra gli errori popolari degli antichi*, in *Tutte le opere*, a cura di F. Flora, Mondadori, Milano 1949, vol. II, p. 224.

ve metodologica tradizionalistica e una presa di posizione
durissima nei confronti degli «abusi» della medicina popolare non sottoposta al controllo del «protomedicato» e
degli «assumpti contra empyricos», il leopardiano *Saggio
sopra gli errori popolari degli antichi* ribadisce energica-
mente la quotidiana interazione e il reciproco condizionamento fra la cultura folclorica (quella dei «pregiudizi») e
la cultura aristocratica (quella dei «sapienti») riconosci-
bile per l'errore personale, firmato, del singolo emergen-
te dall'anonimato collettivo, dall'indeterminatezza tribale
del mondo non letterato.

Le considerazioni del solitario recanatese possono servire anche a far riflettere su alcune tendenze della cultura
anglosassone la quale, influenzata forse piú del necessario
da certi modelli antropologici, inclina a distinguere con
taglio troppo reciso (almeno in sede teorica) le due culture, quella dei gruppi dominanti e quella delle classi subalterne.

La separazione fra le due sfere è stata ribadita da poco
piú di un decennio nel lavoro di Peter Burke, *Cultura popolare nell'Europa moderna* che ripropone la distinzione
teorizzata dall'antropologo sociale Robert Redfield fra la
«grande tradizione» (quella dei pochi gruppi di privilegio culturale coltivata nelle chiese e nelle scuole) e la «piccola tradizione» delle comunità di villaggio incolte o anal-
fabete[2]. Nonostante le discutibili premesse teoriche, l'a-

---

[2] P. Burke, *Popular Culture in Early Modern Europe*, Temple Smith, London
1978; traduz. italiana *Cultura popolare nell'Europa moderna*, Mondadori, Milano
1980, p. 27. Dello stesso autore cfr. anche il denso, lucido bilancio, *Il mondo alla
rovescia: la cultura popolare*, in *La Storia. I grandi problemi dal Medioevo all'Età
Contemporanea. L'Età Moderna 2*, vol. IV, Utet, Torino 1986, pp. 413-39.

nalisi concreta di Burke supera brillantemente le incertezze iniziali, affidata al suo fiuto di storico di razza, ben co-
sciente che fra il XVI e il XIX secolo le «tradizioni popolari
furono soggette a ogni tipo di trasformazione», e che la
«cultura popolare ha avuto una storia». Può tuttavia destare una certa sorpresa constatare che, mentre nello
schema pilota antropologico le due tradizioni appaiono
complementari e interdipendenti, con scambi e influenze reciproche (con canali di incrocio e intermediari facilmente individuabili), nel secondo, quello propostoci dallo studioso inglese, le due tradizioni appaiono non solo
stranamente sfasate rispetto alla base sociale, ma la «piccola tradizione», monolingue, viene indicata come isolata
e non comunicante con la tradizione elitaria, della quale
non partecipava, mentre la «grande tradizione», bilin-
gue, attingeva alla piccola come a una seconda cultura,
dalla quale incominciò a staccarsi a partire dal XVII secolo.

Questa paradossale autonomia nasconde, secondo
Burke, se non un'intima dipendenza della cultura elitaria, una sua organica mancanza d'originalità, la sostanziale debolezza d'una architettura intellettuale che sappia
esprimere un principio d'ordine dell'universo: una razio-
nalità di tipo «moderno» che non sia né mitica né magica.
Subordinata alla grande tradizione, la cultura delle classi
servili e strumentali, non disponendo di schemi propri, ne
sfrutterebbe le forme e gli elementi, incapace d'una propria visione del mondo, suddita d'organizzazioni intellettuali superiori e di centri culturali ad alto potenziale, come le scuole di grammatica e le università: una sterminata
periferia (quasi un continente da colonizzare) che non
può contrapporre ai centri della ricerca piú sofisticata ed

avanzata, alla tradizione chiusa degli intellettuali professionisti, dei dottori di scienza e di logica altro che l'osteria
e il mercato o la chiesa dei predicatori popolari e dei suddiaconi buffoni, le subculture dei mestieri, o la controcul-
tura dei mendicanti e dei ladri.

Cultura di bricolage, abile nell'utilizzare elementi pree-
sistenti, nel riciclare prodotti gettati via dai grandi signori
del pensiero e della logica, raffazzonatrice e interpolatri-
ce, parassitaria e imitativa: si ha l'impressione che, tutto
considerato, per lo storico inglese essa sia una cultura isti-
tuzionalmente arretrata, perennemente in ritardo e sempre in discesa. Si capisce perciò come, in questa prospettiva, egli possa affermare che « quello di cultura popolare è
un concetto residuo » (p. 31), facendo quasi propria la cosiddetta teoria della « discesa ».

Il libro di Peter Burke riflette, nella sua asettica impar-
zialità insulare, piú che una ideologia di classe, una solida
tradizione britannica « grande-borghese » che, non sfiora-
ta dai drammi e dalle tensioni della società continentale,
non ha molto in comune con le intuizioni e le ipotesi rin-
novatrici della cultura slava, espressione di un mondo in
cui il populismo agrario è una presenza fisiologica prima
ancora che una tradizione culturale nella quale le tensioni
di drammatici e sconvolgenti eventi storici si sono riflesse
nelle ricerche rivoluzionarie di Propp e di Bachtin, di Jakobson e di Bogatyrëv. Proprio perché uscito da una realtà politica e sociale tanto diversa, Peter Burke sembra
mettere in secondo piano la ricostruzione del modello arcaico piú originale, quello agrario, mentre riserva a subculture particolari, come quella dei marinai, un interesse
che ai continentali può sembrare eccessivo. I marinai per

la storia inglese contarono probabilmente piú dei contadini; ed è forse per questa stessa ragione che la storia della cultura popolare gli appare prevalentemente un problema di competenza territoriale della città, talvolta una dilatazione *extra moenia* della civiltà cittadina, un aspetto, in definitiva, della storia urbana. Se questo è in parte vero per gli ultimi secoli, non si può sottovalutare che le radici storiche della civiltà moderna occidentale affondano nei modelli culturali agrari che non solo precedettero quelli urbani, ma ne condizionarono a lungo – con una acculturazione impalpabile ma permanente – mentalità e costume, religiosità ed economia.

Questo è particolarmente vero per l'Europa orientale, ma anche per l'Italia. Lo ha ribadito recentemente un altro storico inglese, John K. Hyde:

> La rappresentazione della città medievale come essenzialmente dedita al commercio e all'industria, anche se non rispecchia interamente la verità, facilita nondimeno la comprensione delle città dell'Europa settentrionale; ma quando venga applicata all'Italia obnubila uno degli aspetti piú caratteristici della società italiana. In tutto l'àmbito del Mediterraneo, fino a tempi assai recenti, le città nella loro stragrande maggioranza vivevano come centri di consumo e di distribuzione della produzione eccedente delle zone agricole circostanti. A parte alcune notevoli eccezioni, esse erano dominate non da mercanti e fabbricanti, ma da proprietari terrieri. La dipendenza dall'agricoltura... ha avuto la piú profonda influenza sulla vita italiana delle città fino all'epoca moderna... L'autonomia apparente di una città antica o medievale, separata dai campi da una cerchia di mura e da porte, è in realtà illusoria ed ogni indagine sulla civiltà italiana che trascurasse come insignificante l'elemento agricolo è destinata a essere non corrispondente alla verità [3].

[3] J. K. Hyde, *Società e politica nell'Italia medievale. Lo sviluppo della «vita civile». 1000-1350*, il Mulino, Bologna 1977, pp. 29-30.

La lunga ombra proiettata dalle campagne sulle città italiane, anche quando queste parvero autonome sotto il profilo non solo economico ma culturale, sta a indicare una primogenitura che permeò profondamente gli istituti mentali urbani pur dopo che la città cessò d'essere tributaria della campagna. L'autonomia economica dei centri urbani non coincise con l'affrancazione dai modi di pensare, d'immaginare, di comunicare, di rappresentare propri del paradigma culturale agrario. Il ricambio mentale fu lentissimo e ancor oggi non è del tutto compiuto, anzi rivive sotto la forma ambigua della nostalgia per le radici, ormai distrutte, d'una dimensione contadina che l'urbanizzazione di massa ha rimesso in movimento sotto forma di mito e di nevrotica ricerca di un senso della vita meno precario, piú stabile, piú «naturale».

I «fondi» della vita, come i modelli alimentari, cambiano molto piú lentamente delle innovazioni intellettuali. La cultura materiale vive in un tempo di conservazione sconosciuto alle rivoluzionarie culture d'avanguardia. La memoria sociale, gli stereotipi collettivi non vanno di pari passo col cambiamento ideologico, con la trasformazione economica, con i mutati rapporti di proprietà e di produzione. La «grande tradizione» dei chierici deve continuamente stare attenta a non perdere il contatto con la «piccola tradizione» delle masse. Le pattuglie intellettuali che interpretano e «fanno» la storia devono quotidianamente fare i conti con la paura della storia della società subalterna, con la sua diversa immagine del mondo. La «reazione folclorica», in un certo senso, è sempre in agguato.

I problemi, in realtà, sono molteplici e alcuni di difficile soluzione perché non si tratta solo di mettere in luce la circolarità e l'interdipendenza fra le due sfere, quanto di ricostruire una serie di culture distrutte o scomparse, su una scena quanto mai variabile e frammentata, elusiva e riflessa, il cui metodico smantellamento diventò programmatico con la Controriforma e procedette in seguito con moto sempre piú accelerato. Probabilmente sarebbe piú fruttuoso ipotizzare – come già è stato proposto da Carlo Ginzburg – non una generica «cultura popolare», ma una cultura delle «classi popolari», utilizzando una nozione operativa piú articolata di quella abitualmente adoperata, per organizzare con maggiore precisione un sondaggio che, per molti e validissimi motivi, finisce col preferire il nucleo geneticamente piú antico e il sistema piú originale e completo, quello agrario, collocando in secondo piano le voci delle classi artigianali urbane, le piú vicine ai modelli della tradizione signorile.

L'età del manoscritto ha coinciso col momento di maggiore autocoscienza e vitalità della cultura popolare, quando le élites culturali medievali s'identificavano soprattutto con i *clerici*, con gli intellettuali curiali, con i grammatici, i canonisti, i teologi, i glossatori, i notai dei principali centri urbani.

La maggioranza della popolazione (in particolare quella delle campagne), privata del calendario solare, dell'arcaico tempo agrario (il possesso della misura del tempo, fatto politico prima ancora che culturale, in certe civiltà si estrinsecava con la fruizione di due diversi calendari, uno per i contadini e l'altro per i sacerdoti e gli scribi), venne poi lentamente condizionata nella sua quotidianità, nella «durata» fisica e psicologica del giorno che, nel mondo dei lavoratori agricoli, quasi a sottolineare la perfetta coincidenza fra il tempo e lo spazio, diventò anche unità di misura, trasformandosi nella «giornata».

Il nuovo ordine cristiano, nato sulle rovine del mondo antico, impose (a partire, sembra dal VII secolo) un sottile sistema di condizionamento psicologico, d'asservimento ideologico e di controllo religioso, che nella campana trovò un'emittente di singolare penetrazione suasoria, scandendo ritmi e tempi al lavoro servile, promuovendo una nuova liturgia e insinuando un nuovo senso della vita. La storia della cultura popolare è anche la storia delle resistenze (culturali, religiose, economiche, psicologiche) incontrate dall'espandersi del nuovo modello cristiano, regesto della conflittualità fra tradizione e innovazione.

Ma, quasi per un giuoco paradossale della storia, quello che sappiamo sia dei feudatari che dei loro servi lo dobbiamo a «esigue minoranze specializzate che avevano l'abitudine di imbrattar carte»[4]; o meglio, non tanto l'abitudine, quanto il privilegio della scrittura, riservato a *literati*, grandi e piccoli, scribi di corte e di cancelleria, *clerici*, curiali soprattutto. Dalle loro mani, attraverso i loro cervelli, è passata quella che, convenzionalmente, chiamiamo la storia. In definitiva, piú che gli umili e i potenti, piú che i cavalieri e i contadini, sono state le esigue minoranze intellettuali, chieriche e laiche, a disegnare le mappe culturali, a creare le immagini del mondo e i codici per interpretarle. Cavalieri e contadini, rimasti per molto tempo analfabeti, non vollero gli uni e non poterono gli altri par-

[4] L. White jr, *Tecnica e società nel Medioevo*, Il Saggiatore, 3ª ed. Milano 1976, p. 9.

tecipare all'elaborazione e alla trasmissione di testi scritti, di messaggi non effimeri. I *potentes* furono a lungo vicini ai *pauperes*, ai membri della «piccola tradizione», piú di quanto si possa pensare. A differenza delle frange intermedie della società (mercanti, artigiani, tecnici), sia i nobili che i bifolchi rimasero per molto tempo classi silenziose e mute, «lingue tagliate». Il potere della comunicazione e dell'informazione risiedeva altrove, nelle curie, nelle chiese, nelle scuole.

La quasi completa totalità della gente di campagna e una considerevole percentuale di quella di città, rimase estranea agli strumenti di produzione della cultura scritta, in un universo sociale che col trascorrere dei secoli andava, seppur lentamente, alfabetizzandosi. L'esclusione dalle lettere portò fatalmente e per parecchio tempo, anche dopo l'invenzione dei caratteri mobili, alla paura superstiziosa delle parole scritte e al timore del libro stampato, sentito come oggetto magico, talismano adoperato da maghi e incantatori, da esorcisti e sacerdoti.

La rivoluzione prodotta dall'invenzione della stampa, se apparentemente fece cadere il monopolio dell'informazione detenuto dai gruppi egemonici, spezzando il privilegio di una conoscenza privata, quasi esoterica, della cultura e della scienza, dopo un breve ed effimero periodo di fioritura di messaggi ad alto tasso di diffusione, portò a forme di controllo indiretto sulla tipografia popolare che favorirono la produzione di letteratura popolareggiante, eterodiretta, secondo una politica culturale che col passare degli anni (dal XVII secolo in poi) divenne sempre piú organica e pianificata. È interessante notare come

in regime demografico sostanzialmente invariato le voci
della cultura «bassa» trovassero vie di comunicazione abbastanza facili, mentre in periodi d'intenso incremento
demografico (a partire dal Settecento), il sistema delle co-
municazioni popolari veniva svuotato da una politica culturale che si prefiggeva di orientare le forze lavoratrici secondo una determinata strategia politica. Le tipografie
popolari – si esaminino gl'indici di produzione in una città come Bologna – non solo stampano sempre meno, ma
da numerosissime che erano fra Cinque e Seicento, si ri-
ducono a una sparuta pattuglia nel XVIII secolo.

Se però non è il caso d'insistere troppo sull'originalità
della letteratura di *colportage* e in genere sulla «creatività» popolare riflessa, cosí crediamo che non sia da so-
pravvalutare il peso effettivo dell'opuscolame ciarlatane-
sco, specialmente di quello paramedico (comprendente la
vasta produzione di «secreti») e del considerevole coeffi-
ciente di cultura popolare ch'esso avrebbe espresso. Nella
cultura premoderna, la letteratura dei «secreti» costituiva una specie di genere letterario senza una precisa corri-
spondenza fra *res* e *signum*, una sorta di giuoco in codice
nel quale si provavano un po' tutti, maghi e scienziati, medici ed empirici, dotti famosi come Giambattista Della
Porta, medici ciarlatani come Leonardo Fioravanti e sconosciuti erboristi girovaghi come Antonio Felice Boldini,
meglio noto sulle piazze del XVII secolo col nomignolo di
«Marchesino d'Este, operatore spagirico», autore de *Il
medico de' poveri, o sia il gran stupore de' medici*. Molto
spesso ciò che si leggeva in questi opuscoli (almeno la parte non plagiata da testi classici di botanica o di medicina)
era da lungo tempo patrimonio della cultura popolare

meno «evoluta», che moltissimi conoscevano già, autentici «segreti di Pulcinella». Quando uno scienziato del peso di Giambattista Della Porta rendeva pubblico il «segreto» indispensabile «a far che un fornaro non possa mettere il pane nel forno», svelandone i misteriosi meccanismi («un laccio d'uno impiccato per ladro, col quale liga una parte della pala ch'inforna il pane, che quando il fornaro vorrà mettere il pane nel forno, andarà con la pala in qua et in là per modo che non trovarà la bocca del forno»)[5], attingeva a un rituale di magia popolare operante anche nella sfera della «grande tradizione» scientifica. Entrambe erano profondamente radicate nel pensiero «mitico», nella mentalità magica, nella logica totemica delle analogie che, non meno forti della tradizione dell'*ipse dixit*, del paradigma aristotelico e del sistema tolemaico, condizionarono lo sviluppo del pensiero moderno e la nascita di una scienza diversa operante con strumenti mentali e categorie nuove.

La stessa vicenda del buffone-distillatore spagirico Costantino Saccardino, drammaticamente conclusasi a Bologna nel 1622 con l'impiccagione e col rogo, non deve farci dimenticare che il *Libro nomato la verità...* (Bologna 1621), sia nella parte «fisica» che nella polemica contro gli «errori e abusi, quali succedano giornalmente parte per vizio d'interesse e parte per ignoranza» dei dottori del Collegio medico bolognese ai danni del «misero languente infermo», ingannato dai molti e diversi interessi di guadagno degli «ignorantissimi» e «arroganti senza sapere»,

---

[5] G. B. Della Porta, *De i miracoli et maravigliosi effetti dalla natura prodotti*, Lucio Spineda, Venezia 1611, c. 79a.

sviluppa una polemica di origine paracelsiana iniziata poco dopo la metà del Cinquecento da Leonardo Fioravanti, un ciarlatano-medico mediatore operoso fra le due culture. Il buffone professionista Saccardino, abile a paro-
diare la figura del medico togato, quando prendeva la
maschera del dottor Graziano, ribadiva, in una città dove
la corporazione dei dottori era onnipotente, il primato
scientifico degli illetterati, dei

> contadini e montanari lontanissimi dalle città e da medici e speziali,
> che senza tanti lor medicamenti, con alcune radice e erbe da lor co-
> nosciute valorosamente si sanano come ancora spesse volte han fat-
> to e fanno alcune povere donnette che pure han sanato e sanano
> semplicemente con sughi e pisti d'erbe[6].

Le parole apparentemente «libertine» che Costantino
Saccardino andava ripetendo insistentemente riferendosi
allo smascheramento della religione dei potenti («ma...
hormai tutta la colombara ha aperto gli occhi»[7]) muove-
vano da una frase che il suo maestro Fioravanti aveva usato quarant'anni prima a indicare, troppo ottimisticamen-
te, il nuovo privilegio democratico della lettura e il potere
di controllo dal basso che l'invenzione della stampa
avrebbe offerto alla gente comune, solitamente ingannata
dalle bugie, e dalla ignoranza presuntuosa dei dottori:
«Ma ora – cosí concludeva Fioravanti – i gattesini han-

---

[6] *Libro nomato la verità di diverse cose, quale minutamente tratta di molte salu-
tifere operationi spagiriche et chimiche; con alcuni veri discorsi delle cagioni delle
lunghe infermità, e come si devono sanare con brevità, e altri utili ragionamenti,
quali scuoprono molti inganni, che per interesse spesso, tanto nella medicina, quanto nelle materie medicinali, intervengano, con le virtú elementari*, Moscatelli, Bologna 1621, pp. 13-14.

[7] Citato da C. Ginzburg, *High and Low: the Theme of Forbidden Knowledge in
the Sixteenth and Seventeenth Centuries*, in «Past and Present», 1976, n. 73, p. 35.

no aperto gli occhi, perché ciascuno può vedere et intendere il fatto suo, in modo che noi altri medici non possiamo più cacciar carotte alle genti»[8].

Le polemiche battute di Fioravanti e di Saccardino pongono sul tappeto il complesso problema dell'originalità e dell'autonomia della scienza dei poveri, del livello d'autenticità della cultura prodotta dalle classi popolari e dalla «scienza dei villani», o «sapienza» (come significativamente propone la variante ad un verso del tardo-cinquecentesco *Itenerario di uno peligrino incognito*[9]), finita quasi nella clandestinità e nella marginalità, allontanata, svuotata e isterilita dal saccheggio operato dalla scienza ufficiale che ridicolizzò la sapienza degli inferiori o finse d'ignorarla tacciandola di superstizione, quando non d'empietà. *Fabulae aniles*, nel migliore dei casi. Oppure, nella più rosea delle prospettive alienanti, venne buttata nel confuso ed ibrido serbatoio del «folclore», una specie di paese incantato o di ambigua riserva indiana.

In realtà, furono proprio le classi inferiori a mettere a punto un dispositivo di nozioni, empiriche certamente ma non illogiche, anzi disposte in una coerente articolazione di pensiero; a far fruttare (in luogo di astrazioni libresche ripetitive e logorate da una inerte trasmissione

[8] L. Fioravanti, *Dello specchio di scientia universale*, Eredi di Marchiò Sessa, Venezia 1583, p. 41.

[9] Edito da G. Nascimbeni, in *Un viaggio poetico nel Frignano attribuito a Giulio Cesare Croce*, in «Archiginnasio», XIII, 1918, pp. 196-209. Per l'apprezzamento della «dottrina dei contadini» e delle loro «rustiche esperienze» da parte del botanico Paolo Boccone (XVII secolo) e, in generale, per il problema delle forme originali della loro cultura materiale cfr. P. Camporesi, *Il sapere frenato*, in *Le officine dei sensi*, Garzanti, Milano 1985[1], pp. 214-32; Id. *Il villano danubiano*, in *La miniera del mondo. Artieri inventori impostori*, Il Saggiatore, Milano 1990, pp. 118-140.

passiva) tutta una serie di cognizioni e di saperi ricavati dalla realtà, dall'osservazione diretta, dalla pratica empirica e dall'esperienza manuale. Paradigmatica è la storia della vetusta scienza delle erbe, patrimonio delle comunità rurali e delle donne cercatrici, passata poi agli *herbiers*, agli *erbolari*, ai girovaghi e divenuta una delle attività portanti del mestiere di ciarlatano.

Ma la conoscenza delle erbe, quando divenne botanica farmaceutica, dimenticò le innumerevoli schiere di sperimentatrici (le «commari») che, vagando nei boschi e nelle brughiere, erano andate lentamente impratichendosi delle virtú dei «semplici», mettendo in luce le proprietà di erbe, fiori, radici, i tempi piú adatti per il raccolto (il «tempo balsamico»), l'uso appropriato delle parti e le misure delle dosi. Alcune venefiche e micidiali, altre sedative, ipnotiche, diaforetiche, carminative: essicate, pestate, dosate, distillate dalle benefiche *sagane* (il termine, in friulano, equivale a streghe), le antiche *sagae*, le incantatrici dei romani, chiamate popolarmente anche *buonadonna* o *belladonna*, non solo manipolatrici di «semplici», ma anche abili levatrici ed esperte nel curare bambini, uomini e bestie, i soli medici che abbiano assistito per tanti secoli la gente delle campagne (il «medico dei poveri» incomincerà a operare nelle campagne francesi verso la metà del XVII secolo [10]), dalle quali soltanto il grande ed enigmatico

Paracelso (al quale si ispirava la spagirica di Saccardino) confessava d'aver imparato qualcosa di utile al proprio mestiere. La medicina popolare, l'umile medicina praticata dalle *mulierculae* illetterate, la cui abilità destava i sospetti degli inquisitori stupefatti che tanta sapienza fosse posseduta da vili e miserabili creature, da esseri di piccolo cervello, dalle «povere donnette» o dalle «buone donne», poteva insegnare molte cose anche ai grandi *literati*, ai maestri della scienza, sognata più che praticata. «Domina herbarum et ferarum», la donna analfabeta rappresentava per gli inquisitori un enigma incomprensibile: soltanto se ispirata dal diavolo («daemone... docta») si potevano spiegare la sua abilità nel maneggiare e la sua intelligenza nel conoscere gli «archana naturae».

Il termine di «scienza» è forse preferibile a quello di «cultura» (un po' ambiguo e, in ogni modo, generico e troppo onnicomprensivo). È ragionevole infatti chiamare

quasi tutti idiotti, nelle contingenze de' loro febbrili accessi, e dei malori innumerabili, che infestano l'umana natura, non ànno a che ricorrere, se non ai chirurghi di villa, i quali alle frequenti chiamate, ed improvvise, e per lo più ad avanzati termini, si trovano nell'angustia di dovere indilatamente ordinare, ed a precipitosamente operare (in maggior parte a capriccio) senza immaginabile principio d'alcuna medico-pratica istruzione», in *Il medico manuale, o sia il chirurgo di villa impratichito, per la medico-pratica istituzione col trattato di farmacia compendiata nel patrio idioma dal dottor Alessandro Soldati medico-fisico collegiato ferrarese, al compiacimento, e ad uso di Casimiro Legnaghi chirurgo nella villa di Baura; e pubblicata dal medesimo a comodo dei chirurghi di villa*, per il Gardi all'Insegna del Sansone, Ferrara 1760.

Molto diffusa in Italia fu la *Medicina pauperum* (1641) di Jean Prevost medico degli studenti e soprintendente all'orto botanico di Padova. Da ricordare anche l'anonimo *Saggio sopra le malattie più comuni alla gente di campagna e sopra il metodo di medicarle*, s.i.t., Milano 1774. Per la Francia, degno di nota è *Le médicin des pauvres* (1669) di Paul Dubé e per la Svizzera francese gli *Avis au peuple sur la santé* (1760) del losannese Simone Andrea Tissot, ripetutamente stampati anche nel nostro Paese.

«scienza» la precisa conoscenza del terreno propria del
contadino, la pedologia, o la conoscenza delle sorgenti e
delle acque dolci, per non parlare della veterinaria nata
nel clima stregonesco delle benefiche guaritrici campestri, o della sapienza dei pastori.

Cosí è in generale della scienza della mano operosa,
sensibile e intelligente, della manualità piú abile, sensitiva
e creatrice (il guaritore – la mano che guarisce – fu, prima
che dottore, infermiere, massaggiatore, ortopedico, dieti-
sta e cuoco), dal bottaio all'orafo, dal vasaio al calzolaio:
dalla nautica alla balistica, all'edilizia (chi ha eretto le cattedrali gotiche?), all'idraulica (dal fosso al canale, dai poz-
zi agli scoli, dalle cavedagne ai mulini ad acqua), all'alle-
vamento del bestiame.

Non ultima viene l'astronomia meteorologica e la scienza dei «segnali» del tempo (le «previsioni del tempo»),
quei «pronostica temporum» (nella versione dotta e aristocratica espressa qui dalla penna di Agostino Nifo) che
andavano di pari passo con la «praecognitio copiae aut
paupertatis futurae». Meditazioni «de universalibus signis inopiae et fertilitatis» [11] che erano state, da sempre,
patrimonio dei raccoglitori e quindi dei contadini (i quali
sono, fondamentalmente, dei raccoglitori), di coloro che
inventarono (con un calcolo elementare concernente le
possibilità di sopravvivere o di morire e pianificando la
produzione in rapporto alla consistenza delle riserve di
grani) la «programmazione» economica, sulla base delle
ipotesi intorno alla carestia e all'abbondanza rapportate
anche alle variazioni e alle incertezze stagionali, in epoche

---

[11] A. Nifo, *De verissimis temporum signis*, G. Scoto, Venezia 1540, p. 134.

in cui l'interpretazione del tempo futuro e delle variazioni meteorologiche poteva significare la sopravvivenza o l'estinzione dell'intero gruppo.

Il sistema culturale-popolare medievale, ad alto potenziale segnico, cominciò a sfaldarsi parallelamente al decomporsi del modello aristocratico: la tenuità delle cortine sociali medievali (il buffone e la corte, i giullari e il palazzo, i ciarlatani e le larghe protezioni signorili, i confidenziali colloqui fra re e villano, fra baroni e mugnai, fra principi e popolani) è il sintomo piú vistoso di un rapporto ravvicinato e fortemente implicante, che l'età dell'assolutismo (politico come religioso) distruggerà con gelida intolleranza. A partire dal XVII secolo il distacco diverrà pressoché definitivo: di circolarità culturale sarà sempre piú difficile parlare e le classi superiori parteciperanno sempre meno alla «piccola tradizione» della cultura subalterna, alle *populares traditiuncolae*.

Cavalieri e contadini vivevano nella storia, ma per noi è come se fossero vissuti nella «sottostoria» (per usare un termine caro a Lynn White jr) o addirittura nella preistoria. Analfabeti gli uni e gli altri, non hanno lasciato testimonianza diretta della loro esistenza: *bellatores* e *aratores* sono rimasti sempre muti anche quando gli uni facevano la «grande» storia e gli altri la subivano. D'altra parte il passaggio dall'età del manoscritto a quella della carta stampata, per quanto attiene alle forme culturali elaborate dal popolo, non ha prodotto effetti sconvolgenti e innovatori in un panorama sostanzialmente immutato e uniforme, appena scalfito dall'invenzione dei caratteri mobili. L'età del libro, se mai, innescò un processo di profonda crisi nel seno della cultura popolare nata e prosperata nell'assoluta oralità, in un universo semiotico che della parola scritta poteva fare a meno: la festa, il dramma popolare e la rappresentazione rituale collettiva, la trasmissione orale delle fiabe e delle leggende, la danza, il proverbio, la liturgia della nascita e della morte, il matrimonio, la tradizione calendariale, la cultura medica e magica, l'utopia e il sogno collettivo, i canti di lavoro, le giostre verbali, gli indovinelli, vivevano nella memoria sociale delle comunità più che nelle pagine a stampa.

Esistono anche resistenze segrete, nate e stabilizzate negli strati piú fondi della sensibilità collettiva, e ripugnanze culturali che hanno pesato a lungo sopra la conoscenza della cultura illetterata, la quale nella donna (piú analfabeta dell'uomo) aveva il nucleo più nascosto e impenetrabile, tanto inaccessibile alla storiografia degli intellettuali da passare pressoché inosservata. I messaggi segreti della cultura popolare – orale, gestuale, simbolica, altamente formalizzata – quelli piú originali, passano attraverso l'elaborazione e la trasmissione femminile: le fiabe, le preghiere, gli scongiuri, gl'incantesimi, i lamenti, le cantilene, le ninne-nanne, le nenie, le ricette (le formule della salute fisica e i *recipe* del benessere corporale) vengono elaborate dalle donne. Sono esse, le *mulieres rusticanae*, le piccole insignificanti *mulierculae*, esperte conoscitrici del corpo, madri e infermiere, a nutrire gli uomini, a proteggere amorevolmente i piccoli, a curare gl'infermi, ad assistere i moribondi, a rivestirli dopo la morte, a onorarli coi loro lamenti. Conoscono veleni e antidoti, unguenti e sciroppi, le erbe che uccidono e quelle che guariscono: abili nelle arti effimere del ricamo, delle vesti, del pane, interpretano il linguaggio segreto dei fiori, sanno conservare con tecniche ingegnose le carni, i vegetali, i latticini. Prolungano la vita dei membri della loro famiglia, rallegrano con i loro balli le feste della comunità. Inventano canti d'amore e di fatica, fanno «trovare» agli uomini della «grande tradizione» che abusano del loro corpo forme poetiche nuove come la «pastorella» (sublimazione artistica dello stupro), mentre i chierici di corte e di curia discettano cinicamente «de amore rusticorum», equiparando gli uomini dei campi a bestie («insensata animalia», aveva chiamato Gregorio Magno i bifolchi di Sardegna renitenti all'evangelizzazione) e teorizzano la liceità della violenza contro le loro donne.

Diciamo – si legge nel volgarizzamento trecentesco del trattato *De amore* di Andrea Capellano – che appena può avvenire che' lavoratori sieno veduti usare cavalleria d'amore, ma naturalmente siccome cavallo o mulo si muovono ad atto carnale, siccome movimento naturale dimostra. Adunque, basti loro la continua fatica di lavorare i campi e gli sollazzi della zappa e del marrone. Ma se alcuna volta, avegna che di rado può avvenire, fuori di loro natura sentisseno amore, non si conviene d'amaestrarli in dottrina d'amore. Imperciò che s'elli intendessono alli atti d'amore, li campi e le vigne per difetto delli lavoratori non ne potrebbono rispondere di frutti. Ma se te amore prendesse delle femmine loro, ricordati di lodare molto. E se truovi luogo acconcio, non ti indugiare di prendere quello che vuogli, e abbracciandola bene per forza: imperciò che appena potresti mai tanto mitigare la loro durezza, che riposatamente ti concedesseno quello che dimandi; né soffereranno che tu prenda li disiderati sollazzi se un poco di forza non vi lavora che discacci la loro salvatica vergogna [12].

Anche la dolce «pasturella» dell'amaro e malinconico Guido Cavalcanti (il teorico dell'amore filosofico, diffici-

---

[12] *Trattato d'amore...*, testo latino del secolo XII con due traduzioni toscane inedite del sec. XIV, a cura di S. Battaglia, Perrella, Roma 1947, p. 273.

le e tormentato di *Donna me prega*), letta alla luce dei costumi signorili, rivela sotto la copertura del breve luminoso idillio, e della codificata forma d'arte, una disposizione all'amore senza storie; sottintendendo l'indiscusso privilegio feudale della presa di possesso del corpo subalterno, in un amplesso rapido e fortuito, consumato «sott'una freschetta foglia» con la ragazza «scalza», bagnata di rugiada:

> fra me stesso diss'i': Or è stagione
> di questa pasturella gio' pigliare...

Questo modello erotico feudale, in cui la donna «inferiore» viene considerata *res nullius*, territorio di caccia riservato al *domaine* aristocratico, si estenderà al mondo cittadino, non solo a quello borghese, ma anche a quello degli artigiani e, in generale, dei lavoratori urbani. Su questo modello signorile le plebi urbane non avevano nulla da eccepire, aderendovi con partecipazione spontanea e caloroso consenso. La poesia popolareggiante di città registra fedelmente la tendenza all'aggressione sessuale perpetrata sulle contadine:

> Se tu trovi la villanella
> Sola soletta nel giardin,
> Colorita, fresca e bella
> Come rosa damaschin,
> Mirela, lumela, specchiela, guardela,
> Se ti piace il suo voltin.

Ma se per caso la forosetta non gradisse le attenzioni urbane e si riparasse «tra le siepi e tra le spin», ecco scattare la caccia alla preda fuggente:

> Seguila, pigliala, cercala, trovala,
> Fin che l'hai in to' domin...
> Pigliala, stringela, tienela, chiamela...
> Poi, avendola abbracciata...
> Tochela, palpela, mirela, guardela,
> Se tu voi un spasso fin.
> Come poi sarai contento...
> Sprezzala, scacciela, fuggela, lassela... [13].

La cultura popolare, lo si vede anche dall'ideologia sessuale, non è affatto monolitica: quella di città (pur influenzata dal paradigma agrario, coerente, originale, autonomo) non coincide con quella di campagna. Fenditure verticali e orizzontali, diacroniche e sincroniche, la percorrono ovunque: gruppi cittadini integrati e gruppi marginali, arti e corporazioni potenti e mestieri maledetti, classi immobili e classi in movimento: *vagatio* e *stabilitas*, nomadismo e cittadinanza, occupazioni stagionali e mestieri disancorati dalle stagioni. Orologi fermi e tempo accelerato, etiche private e logiche comunitarie, costumi di montagna e civiltà di pianura, «creanza» e «villania», amore e bestialità, libertà e servitù. Uomini onesti e gente maledetta, come i bifolchi, dediti – si diceva in città – alla copula animalesca e all'«abominabile peccato della maladetta soddomia» la quale, in spregio della legge divina, per istigazione del Maligno, ribaltando l'ordine provvidenziale, sovvertendo la legge di natura, di fatto instaurava la legge del demonio.

Il mondo rovesciato – è noto – coincideva con il ceri-

---

[13] *Canzone nuova sopra la villanella*, in *Canzone della madrina. Con alcune bustachine alla bolognese. Et la Canzone della Masserina, et una Pastorella, con una Napolitana*, Gio. Batt. Rossi, Pavia 1622, c. 2v.

moniale invertito del sabba, in cui le streghe – sul filo della logica del ribaltato, nella linea ossessiva e nevrotica del
rovesciato – si univano al loro signore «contro natura»:

> Ha confessato [la strega lombarda Santina Lardini in un proces-
> so del 1523] che da quel gran signore che era il diavolo ge fu dato un
> altro diavolo per suo moroso... Al quale suo moroso la detta Santina
> ge toccò la man sinistra alla roversa, e fu da quello abrazata, basata,
> et desonestamente toccata. Et cum quello poy balò indreto, et con
> quello comesse el peccato della sodomia [14].

Il rifiuto del «natural vasello» rientrava nella piú complessa strategia dello scardinamento della società cristiana che Satana perseguiva con perfido accanimento. A piú
riprese san Bernardino denuncia nel *Sermo de incantationibus*, nel *Sermo de seminatione Daemonii* e in molti altri
luoghi il piano diabolico di creare, sul modello ribaltato
dell'*Ecclesia Christi*, l'*Ecclesia Diaboli*: pagine dalle quali
emerge quanto sottile fosse lo strato razionalistico della
cultura ecclesiastica «erede della cultura aristocratica
greco-romana» secondo Jacques Le Goff. Riesce difficile
immaginare i *Dialogi* di Gregorio Magno nella linea del
«razionalismo» classico. Si può invece facilmente con-
cordare che la Chiesa medievale fosse fortemente influenzata dal «carattere fondamentalmente ambiguo, equivo-
co, della cultura folklorica (credenza in forze buone e cat-
tive *insieme* e utilizzo di un "outillage" culturale *a doppio
taglio*)» [15]. Le «strutture mentali comuni alle due culture,
in particolare – come riconosce Le Goff – la confusione

[14] M. Craveri, *Sante e streghe. Biografie e documenti dal XIV al XVII secolo*, Feltrinelli, Milano 1980, p. 164.
[15] J. Le Goff, *Tempo della Chiesa e tempo del mercante. E altri saggi sul lavoro
e la cultura nel Medioevo*, Einaudi, Torino 1977, p. 202.

tra il terrestre e il sovrannaturale, il materiale e lo spirituale»[16] sono radicate in una logica religiosa a forte impronta
animistica, «primitiva» e nella «tendenza della mente
umana – confermerebbe il sociobiologo Edward O. Wilson – ad affrontare i problemi mediante una classificazio-
ne binaria»[17].

Secondo Bernardino la prova generale del rovesciamento dell'ordine cristiano veniva sperimentata annualmente
nelle settimane di carnevale, il grande modello del sov-
vertimento, che prefigurava l'avvento del controtempo
del peccato, l'instaurazione di una società caotica e ferina
regredita ai livelli confusionali dell'orda primitiva, caduta
al di là del tempo della Chiesa e di quello di natura, addirittura prepagana.

> Item – è uno dei punti fondamentali del progetto eversivo di
> Ammone, principe della lussuria – faciam unum mirabilem edic-
> tum, quod Deus non fecit, quod mulieres portabunt caudas longio-
> rem quam habeat una vacca; et, ut concludam, regnum sodomorum
> faciam, quod in toto mundo spargeretur et in statu in quo erat ante
> diluvium mundus redibit[18].

In qualunque modo fosse letta, l'immagine enigmatica,
ambigua e polivalente del mondo alla rovescia (dalla quale esce per organica germinazione lo stereotipo luciferino
dell'uomo in rivolta non solo contro il creatore, ma anche
contro il padrone e gli «ordini» egemoni) veniva istinti-
vamente associata alla sfera del demoniaco, all'istigazione
del Maligno, il grande, archetipo *contrefazedor*, «scimia

---

[16] *Ibid.*, p. 199.
[17] E. O. Wilson, *Sulla natura umana*, Zanichelli, Bologna 1980, p. 126.
[18] *Sermo de incantationibus*, in Sancti Bernardini Senensis, *Opera quae extant omnia*, apud Iunctas, Venetiis 1591, vol. IV, parte II, sermo X, p. 60.

Dei». Nello schema del mondo rovesciato, il «diluvio» del «diluviante» carnevale (le strutture linguistiche inconsce fanno affiorare a livello storico, dagli strati geologici dell'«incoscienza» collettiva, il mito ancestrale della «grande dissoluzione») rappresentava, se letto in chiave cristiana nella prospettiva che dalla *Genesi* porta all'*Apocalisse*, l'orrenda parata dei mostri, della confusione demoniaca, dell'arretramento verso l'animalità (anche le scimmie antropoidi, i primati, sono solite celebrare il loro carnevale), la realizzazione provvisoria del mondo scardinato e rovesciato, nell'attesa che lo scoppio finale («mundi deflagratio») facesse precipitare definitivamente l'umanità nel regno del Disordine. La liquidazione del «mondo creato», lo scacco matto all'ordine divino, la bancarotta del cosmo provvidenziale, armonico, misurato, geometrico, avrebbero ricacciato l'umanità nel caos indistinto della ferinità primordiale.

Ma per la *coincidentia oppositorum* che, nel folclore religioso, fa del demoniaco l'altra faccia del divino, il mondo rovesciato si può leggere, con perfetta coerenza, come programma di scardinamento della logica mondana, come annullamento della convenzione etica e della dimensione economica su cui si regge il mondo degli uomini, la società del peccato, che è già, di fatto, regno di Satana. Il «pazzo di Dio», il demente ispirato, il semplice sublime che – come frate Ginepro – si diletta delle ingiurie inseguendo l'inafferrabile fantasma dell'*imitatio Christi*, il carnevalesco giullare di Dio dello stereotipo francescano, si riconoscono integralmente nel «manifesto» programmatico della «perfetta letizia», coerente progetto di realizzazione e di fruizione, nel nome di Cristo, del mondo rovesciato. Lo sciocco, il mentecatto, l'uomo che esce dalla misura umana vivendo nell'eccesso, nel paradosso, nella provocazione, nello scandalo, che recita giorno dopo giorno la tragica farsa della dismisura come gli *juròdivye* russi o i *sáloi* (pazzi-santi) greci, inseguendo il sogno delirante dell'innalzamento raggiunto attraverso l'abbassamento, invocando, come il «bizzoco» Iacopone, la «malsania» e la «pazzia», incarnano, nelle esistenze a loro modo esemplari, la perfetta realizzazione del modello di vita ribaltata che fa del santo il fratello, di segno diverso, dello stregone.

«Ab insidiis diaboli et signoria de villano et a furore rusticorum libera nos domine», si diceva nelle città. Il potere dei bifolchi, infatti, avrebbe sovvertito non solo l'ordine provvidenziale e aperto la strada al regno di Satana, ma anche distrutto l'egemonia economica delle città. *La città di Scio liberata de' villani* del senese Gentile Sermini (conterraneo e contemporaneo di san Bernardino) sembra doversi leggere non come novella, ma piuttosto come piano operativo che gli aristocratici avrebbero dovuto far scattare per fronteggiare l'avanzata strisciante dei villani. Le litanie contro di loro, le stereotipie della *damnatio* tendevano ad esorcizzare, se non proprio la paura, un indistinto senso d'inquietudine verso il mondo indefinito e aperto dei campi e delle selve:

> Perché in vuy regna
> Ogni maliçia
> E ogni tristitia...
> Non haveti mai bene:
> Nati in pene
> Servi servorum
> Asini asinorum

Maledicat vos Deus,
In secula seculorum
Amen [19].

Il contado, quasi fosse la lontana terra di Magonia (la terra dei maghi), dalla quale, veleggiando su navi volanti, come le fate ariostee «portate alcune in gran navi di vetro», partivano i *tempestarii*, gli spiriti seminatori di tempeste, suscitava anche turbamenti d'indole diversa. Finita la grande stagione della caccia alla carne fresca delle villanelle, s'intensificarono nella seconda metà del XVI secolo, in coerente sintonia con la demonizzazione della donna (e specialmente delle villane esperte in «incantationes et herbariae», secondo lo stereotipo di san Bernardino), un torbido sentimento misto d'attrazione e di repulsione e un'ambigua fascinazione di carattere sessuale, eccitata dalla vertigine trasgressiva della carne contadina impura e contaminata, sordida e stregata. Lo stereotipo della villanella «conquistata» si ribalta completamente: da cacciata e sedotta diventa cacciatrice e seduttrice. Il passaggio da una sessualità sfrenata e violenta, tutta giuocata *en plein air*, nel bosco o sul prato, a un'altra nevrotica e contorta, morbosamente segnata dal gusto del proibito; la transizione da una società scomposta ma vitale a una disciplinata, controllata e, a suo modo, «santa», si riflette anche nella letteratura tardo-cinquecentesca e barocca (l'interdizione linguistica, il rifiuto delle parole «disoneste», era già stata codificata verso la metà del secolo dal *Galateo* di Giovanni Della Casa). Il gusto delle «disquisitiones magicae» invade anche lo spazio letterario: amore e magismo

---

[19] Citato da D. Merlini, *Saggio di ricerche sulla satira contro il villano...*, Loescher, Torino 1894, p. 177.

(sono anche gli anni torbidi e inquieti del visionario Tasso), libido e demonologia, streghe e sante, si mescolano romanzescamente. Il giovane, virtuoso Acrisio dalla carne «santificata e monda» (si legge nell'opera, edita nel 1582 e piú volte ristampata, di Lorenzo Selva, *Delle metamorfosi cioè trasformationi del virtuoso*) [20] viene sessualmente conosciuto da una contadina («sfaciata femina») la quale, presa da «ingordo appetito», precipita nel «lago della fetente lussuria», nella «voragine del libidinoso piacere»: «nuda come nacque, mi si coricò a lato». La femmina, in seguito respinta, si rivolge a una strega dei campi, a una di quelle «vetule rencagnate», «magnamosche» schiave di Belzebú – come le chiamava san Bernardino – che con formule e unguenti trasformerà Acrisio (Melusina in versione maschile) in serpente.

La cultura di tipo agrario aveva un calendario diverso da quello imposto dalle nuove forze dominanti, a sfondo non religioso (nel senso moderno della parola), ma naturalistico e animistico nel quale il culto dei morti costituiva l'elemento costante, il perno su cui ruotava l'anno sacro, segmentato in vari momenti festivi, che – come ha messo in luce Vladimir Ja. Propp – pur diversamente organizzati, ne erano di fatto semplici varianti. «Al di là pure della tomba – notava nel 1818 Michele Placucci descrivendo gli *Usi, e pregiudizj de' contadini della Romagna* –, in causa di morte, credono con azioni misteriose per essi, ed insulse pel colto spettatore, di giugnere a influire sui miseri trapassati» [21]. Il protodemologo romagnolo applicava al

---

[20] Cito dall'edizione fiorentina di Cosimo Giunti del 1616, pp. 57-58.
[21] Citato da *Romagna tradizionale. Usi, costumi, credenze e pregiudizi*, a cura di P. Toschi, Cappelli, Bologna 1952, p. 52.

mondo moderno della «villa» la stessa ottica intellettuale usata da Leopardi per gli antichi (ridotta però alle dimensioni piccolo-borghesi d'un modesto impiegato comunale), operando secondo le categorie illuministiche di «filosofico sistema», di «retto raziocinio», coniugate alla «sacra morale» cattolica per illuminare gli «errori», le «tenebre», le «credulità», le «stravaganze», le «iperboliche costumanze», le «rurali debolezze», generate da «illetteratura», da «ignoranza», da «mancanza di precettori».

Di fatto l'unica festa omogeneizzante, seppur frammentata in manifestazioni apparentemente diverse, era quella che a un certo momento si usò indicare col nome di Carnevale. Essa interpretava il tacito riconoscimento popolare che il ciclo vegetale è profondamente omologo a quello umano, che il ciclo seme-pianta-vita è sostanzialmente analogo alla spirale vita-morte-vita; che il mondo dei vivi è intimamente correlato a quello dei morti e che l'asse della storia sociale passa attraverso il ponte obbligato morte-rinascita, sull'arco del mito vegetale dell'eterno ritorno di ciò che è temporaneamente scomparso e del rinnovarsi del passato in un tempo non rettilineo ma serpentino, un tempo di natura, non storico. È sorprendente constatare come questa percezione della vita e della storia, conservata negli strati popolari fino al secolo XVII inoltrato, sia lucidamente riflessa in un anonimo *Testamento di sier Carnevale* nel quale il primato della Grande Festa incombe come elemento unificatore e genetico delle altre feste annuali, tutte subordinate, anzi emanazioni temporanee e vicarie del Grande Assente, il quale dispone che tutti i beni ed ereditae debba ritornar in mi, e cosí sempre vaga continuando fin che 'l mondo durerà; la qual ordinazion e sustituzion... la xe reciproca e necessaria, giusta la forma della natura, vera dottora, che vive sempre col far le fighe a tutti i dottori morti; e sí come el sol per circolo obliquo se va zirando in cielo e spartendosi e tornando a far luse a sta bella terrena, traghetta ogni anno per i dodese segni del zodiaco, cosí mi, dando influenza e participando della mia giurisdizione con cadaun de sti dodesi trionfi dell'anno, muoro, resuscito al mondo...[22].

In questo modello culturale agrario, imperniato sul rapporto morte-rinascita, quello che ha piú alto potenziale segnico è ciò che rientra nello schema del rituale e, in primo luogo, del rituale del riso percepito come momento propiziatorio del ritorno alla vita, come magica incubazione dell'essere; sentito come insostituibile esorcismo che presiede alla nascita e alla rinascita (e quindi connesso anche alla morte, correlato al rituale della morte il quale a sua volta non può fare a meno d'un momento comico e parodistico). L'immagine del mondo elaborata dalla cultura agraria vedeva nel riso lo strumento magico primario, lo scongiuro piú potente per la creazione e la ricreazione della vita. Scaturisce da questa fondamentale premessa legata all'esorcismo fecondante del riso l'elemento comico, farsesco e parodistico proprio del mondo popolare, immerso in una cultura fisiologica ed escrementale, in una oscenità apotropaica, prescritta e rituale, in una genitalità sacralizzata come vitale momento creativo, di perentoria affermazione delle leggi della vita la quale solo attraverso il riso può affiorare dal mondo senza gioia (e

---

[22] Citato in P. Camporesi, *Il paese della fame*, il Mulino, Bologna 1985², p. 181.

quindi privo di riso) dei defunti e delle ombre dei trapassati. Il buffone, l'immondo e osceno e ripugnante *scurra* che sguazza nella sfera escrementale con incredibile disinvoltura, il buffone antico come quello medievale e rinascimentale (che tuttavia continua – in tenace simbiosi col potere politico – a essere un personaggio di primo piano fino al XVII secolo) è il sacerdote di questa religione magiconaturalistica che egli celebra e interpreta attraverso la liturgia comica del riso, la contraffazione, il travestimento e la parodia. Il grande giuoco della vita, polarizzato nel binomio dialettico farsa/tragedia (il ritmo binario, con la sua inesorabile e agglutinante legge della bivalenza, regola le pulsioni profonde della natura umana) nel quale si rispecchiano il modello popolare e l'antimodello colto, recenziore rispetto al primo, viene rappresentato dalla cultura agraria sotto forma di dramma satiresco e buffonesco, come feconda e ri-creativa comicità che allontana il soffocante senso di morte della tragedia, aliena alla cultura «inferiore», come tutto ciò che presuppone il dramma luttuoso del singolo e non quello ottimistico della collettività, del grande corpo sociale dei vivi, continuamente rigenerantesi al di là della breve esistenza dei suoi membri.

Il comico, perciò, costituisce l'elemento portante della cultura agraria, di ciò che (con notevole approssimazione) si usa chiamare cultura popolare, riversandovi anche espressioni e messaggi che a rigore appartengono a una sfera contigua, ma diversa, di subalternità cittadina: questa, nata tardi, senza una vera autonomia, non riesce a esprimere nessun modello culturale di rilievo, come nel caso della senese Accademia dei Rozzi, circolo ricreativo-dopolavoristico di ceti artigianali alla ricerca problemati-

ca di un'identità sfuggente. La cultura artigianale-cittadi-
na elaborata da uomini semiliberi costituisce tuttavia una
cultura-ponte fra il mondo agrario dei servi e il padronato
cittadino.

I grandi rituali collettivi della cultura popolare erano
affidati alla trasmissione simbolica di codici espressivi
non scritti, sia quando interpretassero il momento piú ge-
losamente autonomo di questa cultura, la sua zona piú
fonda, sia quando riflettessero l'aspetto parodistico o satirico della cultura ufficiale.

In realtà ci sembra che si possa ragionevolmente ipotizzare uno strato piú profondo ed arcaico, quello della cultura agraria, e uno strato che da questo grande e fertile
serbatoio attingeva schemi, motivi, figure, vale a dire tutto ciò che va sotto la promiscua etichetta di «cultura popolare»; cui si può aggiungere la sfera del «popolareggiante», quando i destinatari di questi messaggi appartengono solo in parte alle classi subalterne. Il «popolare-
sco» attiene, invece, nella sua quasi totale integrità alle
maniere popolari «rifatte» da intellettuali delle classi superiori, riverniciatura letteraria del cosiddetto popolare.

II
Italia sacra

Un sommario e frettoloso colpo d'occhio sopra i punti di elaborazione e di produzione della cultura popolare fra Medioevo e prima età moderna non può ignorare la presenza attiva del mondo religioso, chiese, monasteri e conventi in primo luogo, in cui si progettavano e si allestivano forme drammatiche spettacolari, sacre rappresentazioni, misteri. Il dramma liturgico, nato davanti all'altare, dove il sacerdote (che Onorio d'Autun chiamava «tragicus noster») doveva quotidianamente rappresentare il sacrificio di Cristo e far scendere Dio sulla terra, aveva il suo naturale spazio scenico nella navata della chiesa, o sul sagrato, nel terreno fra chiesa e cimitero, nella piazza.

Qui, in occasione delle feste religiose o delle nozze, accorrevano anche giullari, istrioni, giocolieri, funamboli, buffoni, ciarlatani, cantastorie, tutte «viles personae et infames»[1], tutta «vils gens de vil vida» (Guirautz Riquier). La scena allora si trasformava: nelle piazze, nelle chiese, nei sagrati, nei cimiteri entravano il riso e il giuoco, il canto e l'illusione. I giullari nomadi vi portavano «scurrilitates et stultiloquia», gli istrioni «obscenas jocationes»,

[1] E. Faral, *Les jongleurs en France au Moyen Âge*, Champion, Paris 1910, p. 273.

«plausus et risus inconditos et fabulas inanes... turpia jo-
ca». I sacerdoti dovevano star lontano «a procaci loqua-
citate et rusticis cantilenis»[2] che uscivano dalla bocca di
questi infami vaganti, «ministri Satanae», secondo la definizione canonica di Onorio d'Autun.

Però dove giungevano i giullari lí accorreva la gente.
Nei luoghi delle loro esibizioni il senso della vita cambia-
va ritmo e dimensione, la farsa prendeva il posto del
dramma, lo *joculator* e il *comicus* detronizzavano il *tragicus*:

> Oveunqua eranu jullare,
> tutti currunu per jocare:
> cythari cum timpani et sambuci,
> tutti gianu cantando ad alta voce.

Tolti dal marchigiano *Ritmo di sant'Alessio* questi versi
giullareschi possono dare un'idea non solo della centralità
dei giullari nella cultura popolare, ma anche della loro insostituibile funzione mediatrice fra cultura clericale e cultura volgare. Infatti, nonostante la severa interdizione da
parte dei grandi intellettuali della Chiesa, dei *clerici* in-
transigenti[3], la collaborazione (e talvolta la concorrenza)
fra clero e giullaria era piuttosto stretta. La definizione di
histrio turpis era soprattutto uno stereotipo etico-giuri-
dico, un luogo comune dell'alta cultura clericale, netto e

---

[2] *Ibid.*
[3] Si veda la pregevole ricerca di C. Casagrande e S. Vecchio, *L'interdizione
del giullare nel vocabolario clericale del XII e del XIII secolo*, in *Il contributo dei giullari alla drammaturgia italiana delle origini*, Atti del II Convegno di studio del
Centro di studi sul teatro medievale e rinascimentale, Bulzoni, Roma 1978, pp.
207-58. Per il non semplice problema del rapporto con le istituzioni religiose cfr.
ora T. Saffioti, *I giullari in Italia. Lo spettacolo, il pubblico, i testi*, Xenia Edizioni,
Milano 1990, pp. 59-84.

chiaro in sede teorica, ma quanto mai confuso e disatteso nella pratica d'ogni giorno. Perfino un papa potente e severo come Innocenzo III, quando accantonava gli affanni del suo altissimo ruolo, non disdegnava intrattenersi confidenzialmente con gli istrioni. Il suo volto serio e austero si apriva alla facezia e al riso: «Homo fuit – dice di lui Salimbene – qui interponebat suis interdum gaudia curis». Un giorno un giullare marchigiano («quidam ioculator de marchia Anconitana») gli rivolse, alla sua maniera, alcune sgrammaticate rime di saluto:

> Papa Innocentium,
> doctoris omnis gentium,
> salutat te Scatutius
> et habet te pro dominus.

Al che, il papa:

> Et unde est Scatutius?

Risponde il giullare:

> De Castro Recanato,
> et ibi fui nato.

E Innocenzo:

> Si veneris Romam,
> habebis multam bonam [4],

rispondendo facetamente per le rime usando cioè il latino *extra canonem*, il trasgressivo linguaggio maccheronico della giullaria per restituire al giullare la sua «malam grammaticam». L'episodio – leggendario o autentico non ha molta importanza – non solo attesta, nello scambio diret-

---

[4] Salimbene De Adam, *Cronica*, nuova ed. critica a cura di G. Scalia, Laterza, Bari 1966, vol. I, p. 44.

to di battute, la grande familiarità medievale fra *potentes* e
infames (Innocenzo III era stato molto duro nella condanna di principio della drammaturgia profana e della *thea-
trica* d'ispirazione giullaresca) ma anche la totale disponi-
bilità della gerarchia piú alta ai *gaudia*, al giuoco e al riso.
La supposta monolitica «seriosità» della Chiesa e dell'ap-
parato di potere feudale, alla quale la cultura popolare
avrebbe contrapposto un «secondo mondo» e una «seconda vita» (come vorrebbe l'irreale ricostruzione teorizzata da Michail Bachtin), non regge alla prova dei fatti. La
dicotomia ambivalente non era all'esterno ma all'interno
della Chiesa medievale profondamente contaminata dalla
cultura delle masse, cristianizzate solo superficialmente:
come Innocenzo III parlava due linguaggi (l'antigramma-
ticale paralogica del latino carnevalesco, rivoluzionario rispetto alla norma del latino curiale) e mostrava due volti,
cosí, nella doppia natura umana e divina della Chiesa, era
insito il principio dualistico del riso e del pianto, della
morte e della resurrezione. Certo, l'aspetto «ufficiale»
predominante era quello serioso, ma questo non esclude-
va la coesistenza in penombra con l'altro aspetto, quello
«popolare», comico, carnevalesco. Le geremiadi dei
grandi *clerici* come Abelardo ricalcano un *tòpos* retorico
delle *scolae* che non rispecchiava affatto la realtà e la pratica usuali. Cardinali, abati, vescovi, diaconi e suddiaconi
sapevano benissimo scrivere in «cattivo latino», sapevano leggere perfettamente anche nel «messal divér»[5] di cui
parla un chierico-giullare dell'ultimo Quattrocento, Fau-

---

[5] Cfr. *Barzelletta della malinconia*, in P. Camporesi, *La maschera di Bertoldo.
G. C. Croce e la letteratura carnevalesca*, Einaudi, Torino 1976, p. 304.

stino da Tredozio – il messale diverso e rovesciato (apo-
crifo, ma non necessariamente *extra canonem*) dei riti cosiddetti extraliturgici del ciclo natalizio e di altri momenti
canonicamente riservati alla *spurcitia* rituale, il messale
della *stultitia*, del *gaudium*, della festa.

Nell'altra sfera, quella del potere mondano, la scurrilità dei buffoni, nella cui oscenità verbale e nella *gesticula-
tio* risiedevano occulte potenze esorcistiche ad azione
apotropaico-profilattica, era garanzia non solo di franchi-
gia personale ma anche di una particolare funzione a carattere politico. Il «re di fava»[6], sovrano da burla, signore
della contea di «Valle fatua», possedeva una sua regalità
e un potere che lo legavano a filo doppio al suo signore e
sovrano. «Flagellatore» e «straziatore»[7], incarnazione
extraliturgica e perciò rovesciata e parodistica della regalità, era detentore di un potere terribile: quello della parola, temibile occulto potere d'origine magica e divina.

> Signor mio – disse un giorno Dolcibene, il re dei buffoni italiani
> del Trecento, all'imperatore del Sacro Romano Impero, Carlo IV di
> Lussemburgo, re di Boemia – abbiate buona speranza, che voi avete
> modo di vincere tutto il mondo; però che voi state bene e col Papa e
> con meco: voi con la spada, il Papa co' suggelli e io con le parole; e a
> questo nessuno potrà resistere[8].

Non può perciò destare meraviglia se nell'XI secolo,
proprio quando l'interdizione sembra farsi più rigorosa,
dei giullari (e giullari possidenti per di più) vivevano al-

[6] Cfr. A. A. Bernardy, *Il «rey de la Faba»*, in «Studi medievali», n.s., 1928, n.
3, pp. 522-24.
[7] Il termine viene usato da Domenico Cavalca nel volgarizzamento dei *Dialogi* di Gregorio Magno.
[8] F. Sacchetti, *Il trecentonovelle*, a cura di E. Faccioli, Einaudi, Torino 1970,
p. 434.

l'ombra del monastero di Farfa in Sabinia[9] in buoni rapporti col clero regolare benedettino che, in teoria, avrebbe dovuto cacciarli come emissari di Satana. Anche migliori i loro rapporti col clero secolare, alto e basso. I grandi prelati li blandivano, li ospitavano, li donavano munificamente, né era caso infrequente che i preti, gettata la loro veste, indossassero quella del giullare. Un decreto di Bonifacio VIII minacciava i transfughi: «clerici qui... se ioculatores seu goliardos faciunt... careant omni privilegio clericali»[10].

I piú giovani fra i benedettini di Farfa all'inizio del XII secolo «histrionum more canere studebant, et multas nenias extraneasque cantilenas introducere satagebant»[11]. Nel secolo seguente i frati francescani, fatte proprie le tecniche d'intrattenimento giullaresche, giravano il mondo «inventores cantionum et ioculatores». Frate Pacifico, uno dei primi a entrare nel gregge degli *ioculatores Domini*, era stato fino al giorno della conversione giullare professionista, e non dei meno noti, «princeps lasciva cantantium et inventor secularium cantionum»[12]. Francescani e domenicani, i nuovi ordini mendicanti che avevano profondamente innovato il costume dei «regolari», sconvolgendo ritmi e funzioni della vita monastica, secondo

[9] Cfr. V. De Bartholomaeis, *Giullari farfensi*, in «Studi medievali», n.s., 1928, n. 1, pp. 37-47. È interessante che anche il *Ritmo cassinese* sia stato valutato da G. Contini un «testo monastico in veste giullaresca».

[10] Citato in G. Bonifacio, *Giullari e uomini di corte nel 200*, Tocco, Napoli 1907, p. 55.

[11] De Bartholomaeis, *Giullari farfensi* cit., p. 40.

[12] Cfr. Bonifacio, *Giullari* cit., p. 58; De Bartholomaeis, *Giullari farfensi* cit., p. 46; E. Levi, *L'ultimo re dei Giullari*, in «Studi medievali», n.s., 1928, n. 1, p. 173; U. Cosmo, *Frate Pacifico «rex versuum»*, in «Giornale storico della letteratura italiana», XXXVIII (1901), pp. 1 sgg.

l'anonimo autore del *Rhythmus* che la tradizione attribuiva a Pier delle Vigne, «mimi merito vel joculatores dici possunt»[13].

Poteva accadere che un giullare, Ruggieri Apugliese, recitasse indifferentemente un giorno la sua parodia della Passione (l'aristocratico Luigi Pulci, alcuni secoli dopo, scriverà un'esilarante contraffazione della Via Crucis), e un altro giorno, «histrio personatus», truccato da cadavere semiputrefatto, rappresentasse, in un lugubre sermone ammonitore, il dramma della propria morte, del peccatore punito per l'eternità:

> Io fui Ruggieri Apugliese dottore
> che mal mi fidai del mondo inghannatore;
> nel mondo steti quando piachue a Dio;
> voi sarete anchora chome so io;
> e io fui, chome sete voi, di quel talento;
> ora so fracido nel monimento...

Come nelle giullaresche canzoni «de oppositis», l'Italia sacra (per utilizzare con altra valenza il glorioso titolo di Ferdinando Ughelli) conviveva fruttuosamente con l'Italia profana. In occasione delle maggiori feste religiose , «in solemnibus magnarum festivitatum diebus» (è la prestigiosa penna d'Abelardo a tracciare con enfasi predicatoria un quadro corrusco di vizio e di depravazione), alti prelati e teologi, giullari, acrobati, incantatori fraternizzavano lungamente a tavola in un interminabile festino organizzato dal demonio: «episcopi et religionis christianae doctores... joculatores, saltatores, incantatores, can-

---

[13] E. Du Méril, *Poésies populaires latines du Moyen Âge*, Paris 1847 (ristampa Bologna 1974), p. 167.

tores turpium acciunt ad mensam, totam diem et noctem cum illis feriant atque sabbatizant»[14].

Annoiati e fatuamente loquaci, durante le messe solenni, i sapienti della Chiesa aspettavano con ansia il momento d'uscire fuori delle sacre mura per seguire «summo silentio et toto desiderio attenti» le esibizioni degli istrioni, «apostoli daemonum», prodighi in offerte e regali non coi poveri di Dio, ma con la curia dei diavoli-istrioni, con la congrega dei buffoni. Le parti sembrano essersi invertite, i ruoli capovolti: i portatori del messaggio cristiano, gli uomini dell'evangelo, vengono catturati dalla fascinazione istrionica, dalla «diabolica praedicatio» degli incantatori. Non contento di tutto ciò, non soddisfatto di catturarli *extra sacra loca*, il Maligno perfeziona la riconquista con un colpo da grande stratega, portando la sua offensiva nel cuore del potere sacerdotale, introducendo «scenicas turpitudines in Ecclesiam Dei»:

> Ante ipsa Christi altaria, omnibus jam ubique introductis turpitudinibus, per solemnitatum conventus templa dedicantur daemonibus, et sub religionis et orationis obtentu, ad explendam libere lasciviam omnibus undique tam viris quam feminis convenientibus, Veneris celebrantur vigiliae[15].

Le veglie di Venere davanti all'altare, il sabba nel sacro recinto. La sceneggiatura drammatica d'Abelardo evoca lussuriosi fondali di turpitudini e lascivie precristiane, immagini d'antichi riti propiziatori di fertilità. Nell'ambivalenza del sacro e del «profano» (o del sacrilego, che è poi una variante demonizzata del sacro), nella ribaltabilità

---

[14] Petrus Abaelardus, *Theologia christiana*, in Migne, *Patrologia latina*, 178, coll. 1210-11.
[15] *Ibid.*

dello stesso spazio ecclesiale che, come un palcoscenico ruotante, alterna spettacoli di segno opposto, si celebrano riti rovesciati sul copione d'una liturgia diversa. Sulla scena sacra durante i *theatrales ludi* si mutano costumi e fondali, pur rimanendo gli attori sempre gli stessi. Suddiaconi e buffoni unificano le loro competenze per onorare l'«Asino folle» nelle *asinaria festa*: la festa dei pazzi giullari si sdoppia nel suo opposto; il *festum stultorum*, il mondo deflagrante del *furor histrionum*, della *stultitia* profana, viene a coincidere col *festum subdiaconorum*; i «patroni Ecclesiae» si vestono dei panni dei turpi «dementes», dei «perditissimi homines» d'agostiniana memoria. Il *tragicus* si trasforma in *comicus*, la «messa sacra» (come nella liturgia degli *improperia* del venerdí santo) in «messa matta», la tristezza in *risus*, la serietà sapienziale nei dementi paradisi di follia sacrilega.

Si ha l'impressione che la cosiddetta «reazione folclorica» sia in realtà una costante ineliminabile del sistema binario oppositivo sul quale andò storicamente sviluppandosi il cristianesimo: una tendenza endemica allacciata in stretto connubio, in dialettico rapporto, col fatto religioso. Ma questo vistoso segnale reattivo è anche segno di una incredibile vitalità della cultura bassa, volgare, popolare, della cultura agraria delle masse contadine che condizionava potentemente la cultura dell'aristocrazia clericale; l'incoercibile emergenza della *spurcitia* «pagana», inutilmente esorcizzata, aveva finito col contaminare anche i *clerici* e i *doctores*. I «cantica diabolica amatoria et turpia» che – notava nel VI secolo con incontenibile disappunto Cesario d'Arles – i «rustici» e le «mulieres rusticanae» «memoriter retinent et ore decantant», avevano modellato le «turpes gesticulationes... et verba impudicissima ac scurrilia» del clero cittadino [16]. Il cerchio delle «operationes fatuae» aveva allacciato non solo la «Gallia christiana», ma anche l'«Italia sacra».

Lo scambio di competenze, di tecniche e di forme tra frati e giullari, al di là del compromesso fra bisogni pratici e condanne teoriche, va visto alla luce della ossessiva dialettica sacro/profano, negli indeterminati e sempre provvisori confini fra consacrazione e dissacrazione, fra sporcizia e purezza, fra comico e tragico, fra riso e pianto. La contaminazione delle forme (il canto carnascialesco presta lo schema metrico-ritmico alle laudi spirituali) diventa emblematica di una generale, ambigua interscambiabilità fra le potenze che governano la vita e la natura umana, nel grande doppio giuoco delle alternanze, delle attrazioni e delle ripugnanze, delle promiscue apparenze. In questa logica truccata del paradosso, dove l'impossibile convive col possibile, il miracoloso col demoniaco, le apparizioni divine con le ludificazioni sataniche, la strega rappresenta il doppio (di segno diverso e invertito) della santa, e il guaritore mostra ora il volto santo del taumaturgo, ora quello ipocrita dell'impostore. Nell'ottica pervertita, a doppio binario, intercambiabile e rifratta, perennemente sdoppiata nel suo contrario, il «dritto» si ribalta nel suo opposto, si trasforma, implacabilmente confondendosi, nel suo rovescio; l'immagine apparentemente ambigua e sfuggente del «mondo alla rovescia» diventa illuminante metafora d'una complessa rete d'implicanze a varie valen-

---

[16] Césaire D'Arles, *Sermons au peuple*, Les Éditions du Cerf, Paris 1971, vol. I, p. 324.

ze e di segni opposti che, ora nel positivo ora nel negativo,
ora nel nobile ora nell'ignobile, nell'alto e nel basso, e in
tutta la vastissima rosa di serie oppositive possibili e im-
maginabili, trovano perfetta composizione , in un giuoco
d'incastro a doppio binario. La dialettica contraddittoria
delle opposizioni, la legge sussultoria del discontinuo e
del ribaltato, la logica a due volti, rifratti da un unico
specchio, come l'enigmatico idolo a due dimensioni e a
due facce (lo sdoppiato Giano), scandiscono i due tempi
dell'esistenza e della storia, il passato e il futuro, l'anteriore e il posteriore. Allo stesso modo l'*Ecclesia Dei* e l'*Ecclesia Diaboli* interpretano i due volti, le due dimensioni dello stesso corpo, pensante con la logica irreale dei sogni,
delle estasi, delle possessioni, dei «viaggi» e dei voli notturni, delle visioni, delle profezie, degli oracoli, mano-
vrando categorie mentali di tipo totemico, rette dall'im-
palcatura delle correlazioni e delle analogie.

In questa dimensione visionaria *à double face*, dove il
meraviglioso, l'insolito, lo straordinario appartenevano
all'ordine dei normali valori mentali dell'uomo, lo spazio
sacro, la chiesa (come il *mundus*, il pozzo circolare degli
antichi latini, area tabú che portava al mondo inferico),
era soggetta a indici d'inquinamento diabolico altissimi.
Luogo benedetto e maledetto allo stesso tempo, temuto e
riverito, odiato e venerato (come lo era del resto il sacerdote, mago, stregone ed esorcista insieme), era sentito alla
stregua di centro topico d'incanti, spazio magico e fatato,
sede d'oscure fascinazioni, fabbrica di miracoli o d'illu-
sioni, canale massimo di comunicazione col soprannaturale, cui accorrevano moltitudini ammalate nel corpo,
contagiate nella mente, in perenni crisi di miseria psicolo-

gica individuale e d'angoscia sociale. All'interno di questo
sacro recinto potevano avvenire incredibili episodi d'iste-
ria collettiva, la cui ambiguità, sconcertando il cronista
che li riferiva, poteva essere attribuita a «maraviglia overo maliçia», all'incantesimo del mago anziché all'influsso
miracoloso della croce.

> Sonava per Romagnia, 1383, d'uno miracholo aparuto a Fença, in
> la giexa de San Piero, e fo quaxi a la fine de mazzio. Fo in la ditta gie-
> xa presso a la piaça ditto che una dipintura overo croçifisso faxea
> miracholi e sanava infirmi; e disse alcuno homo avere vedudo; e, di-
> vulgada la fama, multe infirme del paexe venea tutte in la ditta gie-
> xa; e quando voleano andare a l'altaro, omini o femine a l'altaro co-
> mençavano a tremare e ballare in modo de matti, sbatandosse in qua
> e in là per la giexa, e staxeano per III o IIII dí nançe che posseno an-
> dare a l'altaro; e quando alcuna volta eranno a l'altaro tornavano
> adredo e cadevano, e non se levavano sença aiuto, e nessuno fo libe-
> rado: e finalmente fo vedudo che era per incanto d'alcuno cativo,
> per diabolicha scongiuraçione. E çessò el concorso de la zente; e ve-
> ro è che in quigli dí che fo tale incantamento fo conzungimento de
> Saturno e Marte in gemini in signo de çelo: per ciò possé essere de le
> ditte cose caxone [17].

Questa chiesa incantata, con i deliranti tresconi dei
«pazzi», le crisi psicomotorie, l'allucinazione-suggestio-
ne paralizzante, i corpi inchiodati al pavimento oppure
ondeggianti avanti e indietro alla mercé di un influsso misterioso emanante dall'altare (l'area del sacrificio, il punto
a piú alta concentrazione misterica), offre l'impressionante immagine d'una diabolica kermesse, d'una giostra di
corpi svuotati, trasecolati burattini, d'ogni energia: quadro impressionante di disperata confusione, di profonda

---

[17] Giovanni di M. Pedrino depintore, *Cronica del suo tempo*, Biblioteca Apo-
stolica Vaticana, Roma 1929, vol. II, p. 447.

labilità psichica e d'intossicazione mentale senza limiti. Chi racconta l'episodio l'attribuisce alla fascinazione di qualche mago o «malefico», o incantatore: se fosse stato un letterato lo avrebbe magari reinterpretato alla luce delle imprese del mago Merlino (figlio del diavolo, partorito da una suora) e lo avrebbe narrato in eleganti ottave. Il meraviglioso dei poemi d'avventura era talmente nell'aria, la magia e l'incanto cosí profondamente radicati nella sensibilità collettiva da riproporci il problema delle «fonti» dei grandi poemi cavallereschi in una prospettiva sdoppiata, che tenga anche conto dell'altissimo tasso di visionarietà e d'inquinamento fantastico della società che li produceva, della vita quotidiana vissuta in una permanente sfera delle meraviglie, in uno stato di allucinazione prolungata in cui il confine fra il normale e l'anormale, il naturale e il soprannaturale, il materiale e lo spirituale era inesistente.

Ma le angosce, le cadute nei malesseri piú cupi, le crisi visionarie e coreutiche, l'affiorare esplosivo di miserie psichiche, tutte le possibili forme degenerative delle paure sociali erano spesso in stretto rapporto con la salute sia fisica che mentale dei ceti meno protetti: i miserabili infermi, i sottoalimentati, gli emarginati, gli uomini del nulla, contaminanti e derelitti.

Fra i mercanti e i magistrati c'era chi attendeva alla loro demolizione mentale, «ungendoli» con farine velenose e inquinate, complici certi fornai contro i quali non casualmente esplodeva il furore popolare:

Adí 21 d.° in Domenica [1592], venendo il Lunedí, fu preso [a Modena] Messer... [il manoscritto è lacunoso] Forni Giudice alle vittovaglie alla piazza insieme con fornari, il quale haveva fatto macinare n.° 40 sacchi d'loio da mettere nella farina di formento per far pano alla piazza, onde causava che la povertà che ne comperava alloiavano di tal maniera che stavano per due giorni tanti mali che havevano ad impazzire, et in questo tempo non potevano lavorare e non potevano aiutare le loro famiglie.

Qualche anno dopo, nel 1596,

> a Ferrara v'è di grandissimi amalati et anco ve ne muore molti, si crede per li pani cattivi che mangiano, cioè di fava, vezza e di loglio schietto[18].

Su questa «estrema soglia» alimentare, al limite dell'umano, passa la cultura popolare dell'Italia moderna, fra i flagelli ordinari della malattia, della fame, della demenza, per non accennare a tutto il supplemento tradizionale degli orrori straordinari. Per gente a cosí basso livello calorico e a tasso cosí elevato di tossicità sanguigna, dare vita a una sia pur «piccola tradizione», cui partecipavano anche i signori della «grande tradizione» presi dalla fascinazione emanante dal volgo, il delirante «pazzo animale» dei Guicciardini, dovette essere fatica di non poco conto.

In questa concreta dimensione tragica nascono le fiabe di ragazzi che si allontanano o vengono allontanati dalla loro casa in cui non c'è piú nulla da mangiare e che girano il mondo in cerca di fortuna: o le fiabe, amaramente simboliche, nelle quali i bimbi inconsapevoli (tranne il settimino) vengono abbandonati nel bosco da genitori che non hanno di che sfamarli. Ma alla crudeltà non è posto limite: la «casa della paura» in cui i giovani erano sottoposti a tutta una serie di riti d'iniziazione, diventa nella ben

---

[18] Gio. Batt. Spaccini, *Cronaca modenese (1588-1636)*, vol. I, Ferraguti, Modena 1911, pp. 3-4 e 38.

piú tremenda realtà quotidiana la « casa della morte » di molte famiglie contadine. Talvolta, ribaltando il rituale del racconto fiabesco, sono i genitori che abbandonano la casa preferendo un vagabondaggio disperato piuttosto che vedere i figli morire di fame.

> Li poveri, per non vedere morire li figliuoli della fame, se ne vanno per il mondo malabiando, com'è intravenuto puoco giorni sono su quello di Reggio che un contadino insieme con sua moglie, per non vedere perire dinanzi dagli occhi loro tre figliuoli della fame, gli serorono in casa andandosene con dio; passati certi giorni, li suoi vicini non gli vedendo si risolsero battere giú la porta come fecero e ritrovarono due figliuoli morti et il terzo che moriva havendo della paglia in bocca, et al fuoco vi havevano una parletta [paiuolo di rame appeso alla catena sul focolare] con dentro della paglia a bolire per farsela piú pastosa per magnarla... [19].

Inserito in un sermone tenuto nel Duomo di Modena nell'aprile del 1601 dal padre gesuita Lodovico Galiardo, presente anche il duca, questo tetro racconto di morte, utilizzato dal predicatore a fini morali e insieme economici, intriso di pietà e di politica, deve far riflettere sulle dolorose « radici storiche » di tante fiabe « per ragazzi », rimosse dalla cattiva coscienza dei « grandi » e dirottate verso il candido stupore dei « piccoli ».

Parossismi collettivi, epidemie coreutiche, flagellazioni di massa scuotono e percorrono il corpo sociale su cui lo spettro del contagio, la pratica della violenza, l'efferatezza delle torture godute come spettacolo (corpi impalati, carni attanagliate, visceri dispersi, uomini impiccati per i testicoli, membri virili tagliati) lasciano impronte di paure e di crudeltà indicibili. Il gusto del sangue inebria

[19] *Ibid.*, vol. II, Modena 1919, p. 177.

questa società violenta: le streghe lo succhiavano ai bambini, le sante lo invocavano nelle estasi e lo sognavano nelle visioni, gocciolante dal costato piagato o dal torace
aperto di Cristo: «Sangue, sangue», furono le ultime parole della vergine Caterina da Siena. I medici lo prescrive-
vano nelle loro ricette, un filosofo come Marsilio Ficino,
autore di una guida alla salute degli intellettuali, raccomandava di suggerlo direttamente dalle vene degli adole-
scenti per ringiovanire i corpi appassiti. Gli speziali lo
usavano, insieme alla carne e al grasso umani, nella loro
farmacopea.

I fanciulli partecipavano intensamente a queste voluttà
sadiche:

E a dí 17 di maggio 1478, circa a ore venti, e fanciugli lo disotter-
ròno [il corpo di Jacopo de' Pazzi] un'altra volta, e con un pezzo di
capresto, ch'ancora aveva al collo [per la precedente impiccagione],
lo straccinorono per tutto Firenze; e, quando furono a l'uscio della
casa sua, missono el capresto nella campanella dell'uscio, lo tiroro-
no su dicendo: *picchia l'uscio*, e cosí per tutta la città feciono molte
diligioni; e di poi stracchi, non sapevano piú che se ne fare, andoro-
no in sul Ponte a Rubaconte e gittorolo in Arno. E levorono una can-
zona che diceva certi stranbotti, fra gli altri dicevano: *Messer Iacopo
giú per Arno se ne va*. E fu tenuto un grande miracolo, la prima ch'e
fanciugli sogliono avere paura de' morti, e la seconda si è, che putiva
che non se gli poteva apressare; pensa, da' 27 d'aprile insino a' 17 di
maggio se doveva putire! E bisognò che insino colle mani lo toccas-
sino... E un altro dí, qua giú in verso Brozzi, e fanciugli lo ritrassono
fuori dell'aqua, e inpiccorolo a un salcio, di poi lo bastonorono, di
poi pure rigittato in Arno [20].

[20] Luca Landucci, *Diario fiorentino dal 1450 al 1516*, continuato da un anonimo fino al 1542, pubblicato sui codici della Comunale di Siena e della Marucellia-
na con annotazioni di Iedoco del Badia, Sansoni, Firenze 1883, pp. 21-22. Cfr.,
dello scrivente, *Il sugo della vita. Simbolismo e magia del sangue*, Mondadori, Milano 1988.

Nella Firenze del Magnifico Lorenzo la poesia popolare nasceva anche sullo scempio spietato dei morti: macabro carnevale di fanciulli nel cui fresco sangue furioso la vena lirica veniva eccitata dall'orrore e dallo strazio. La «paura de' morti» non impediva affatto il giuoco sadico col cadavere, lo sbeffeggiamento impietoso dei miseri resti, la lurida, tragica farsa dell'estinto che ritorna a casa. Anche questo era teatro popolare collettivo, senza nomi e senza volti, performance improvvisata e vissuta nello svariare della mobile scena urbana. La dimensione teatrale accompagnava ogni aspetto della vita, altamente formalizzata, sentita come commedia, farsa, tragedia.

La brutale familiarità coi cadaveri attesta anche la grande confidenza dei rapporti fra i vivi e i defunti, la compresenza della morte nella vita e della vita nella morte, la coesistenza con l'idea della distruzione e del disfacimento, la presenza dei trapassati fra i vivi, come protettori o persecutori, temuti o amati. In questa prospettiva bifronte non è forse azzardato collocare anche Petrarca, il «gran prete di Laura», che scriveva rime in morte mentre l'amata era ancora viva, immaginandola spenta, e rime in vita quando già da tempo ella era scesa nella tomba. Nessun giuoco cinico di gelido maniacale stilista, di solitario necroforo gotico, ma perfetto inserimento nelle strutture mentali collettive, alle quali nessuno può sfuggire. Il bifrontismo del *Canzoniere*, la dialettica della sua composizione altalenante fra vita e morte, va inserito nel piú vasto campo della sensibilità binaria, nella dialettica amore/morte, sacro/profano, puro/impuro. Lorenzo il Magnifico passava con estrema disinvoltura dalla sacra rappresentazione al canto carnascialesco (o viceversa) con perfetta coerenza d'intellettuale sofisticato e di signore crudele. Pietro Aretino era solito alternare le vite delle puttane (le *Sei giornate*), l'*Hexaemeron* laido del piacere non fecondo, della *libido* non creativa, della sporcizia contaminante, alle vite delle sante o della Vergine, alla meditazione sulla *Genesi* o sull'*Umanità di Cristo*.

Nessuna lettura oscena privata poteva però provocare i brividi che i giuochi trasgressivi notturni e la dissacrazione d'una grande prestigiosa cattedrale o la profanazione di tombe d'una chiesa illustre offrivano alla sensibilità dei fiorentini. Il rituale d'abbassamento e d'inversione messo in atto a piú riprese a Santa Maria del Fiore, il cuore sacro di Firenze, rivela l'insospettata vitalità dei riti extraliturgici, il fascino demoniaco del rovesciato, del contrario, del ribaltato.

E a dí 25 di dicembre 1498, la notte della Pasqua, fu fatto questa isceleranza nel popolo di Dio e in Firenze e in Santa Maria del Fiore: la notte quando si diceva la prima messa della mezza notte, certi, non so s'io mi dico uomini o demoni, che missono in detto tempio un certo cavallaccio facendolo correre per la chiesa con molte grida, vituperando e facendo cose innominabile nel postribolo, ferendo con arme il cavallo, e co' bastoni, mettendo e bastoni nella parte di dietro, facendo ogni iniquità, facendolo cadere per terra in chiesa, insanguinando e imbrattando el tempio del Signore... Per la qual cosa e buoni e savi uomini [lo speziale che racconta questi fatti era uomo devoto e timorato di Dio] tremavano di paura di giudizio di Dio grande, ricordandosi anco di quello fu fatto pochi anni innanzi che furono aperte sepolture a Santa Maria Novella, fuori della chiesa, in dispregio della resurrezione in nella notte della Resurrezione; e piú fu messo inchiostro in sulle acque benedette in Santa Maria del Fiore, e ch'è peggio, fu rotta la porta della chiesa di notte, e salito in pergamo e inbrattato el pergamo e violato innanzi a Cristo dove si dice la parola di Dio, e molte altre iniquità sanza timore di Dio. E dissesi che gli era stato tolto la corona alla Nostra Donna di San Marco e

dato a una meretrice: non ebbi la verità di questo della corona, ma
per molti si disse. E piú in questa notte della Natività, missono in su'
focòni, per le chiese, in molte, azafetica in luogo d'incenso e feciono
correre capre per Santa Maria Novella [21].

Il brano non ha bisogno di commenti. Il mondo rovesciato viene interpretato e vissuto non come sogno o mito-
logia, ma come drammaticità attuosa e traumatizzante,
sferzata dal virus della sacralità. La Vergine scoronata e la
prostituta incoronata compongono un dittico memorabi-
le, incarnazioni emblematiche di un oscuro *conflictus* re-
legato negli strati piú remoti della coscienza collettiva, nel
fondo insondabile in cui il bisogno del sacro si sdoppia
nel suo perfetto, speculare opposto. Ma entrambe espri-
mono anche l'umano bisogno di consolazione e di appa-
gamento sia nella sfera dello spirituale, sia in quella del
corporale. Lo scambio di corona, di regalità e di potere
fra due consolatrici di segno cosí diverso raffigura il piú
alto grado d'intensità drammatica che il paradosso dell'e-
sistenza possa emblematicamente esprimere.

I rituali notturni di dissacrazione e di rovesciamento,
insieme alle feste extraliturgiche, appartengono alla stessa
area genetica, quella del Carnevale. Ma anche certe manifestazioni della religiosità popolare, riconosciute ortodos-
se e canoniche, punti centrali della devozione collettiva, le
processioni, hanno a lungo conservato i segni della loro
origine orgiastica e carnevalesca, scomposta, irruenta,
teatralmente agitata, di cortei animati da maschere, dia-
voli, mostri, nani e giganti, angeli o uomini in trampoli,
guerrieri e buffoni. Sarabanda, pantomima e parata al

<hr />

[21] *Ibid.*, pp. 190-91.

tempo stesso, come la *Cena Cipriani*, nella quale uno *scurra*, cui era delegata la funzione del *vocator*, teneva in mano tutta l'azione, commentandola «in suo linguaggio», facendo «scoppiar dalle risa la elevata assemblea, balbutendo e intercalando alla *vocatio* de' colpi di tosse e delle sconcezze» [22].

> E a dí 5 di luglio 1478, si fece la festa di San Giovanni, la quale avevano lasciata nel suo di', e fecesi molto bella di difici, processione; corsesi el palio, e girandola e tutto spiritegli, giganti e molte belle cose... E a dí 24 di giugno 1498 fu San Giovanni, e fecino una girandola, in su la quale posono un porco e giganti e cani, e un gigante morto... [23].

È il modello derivato dal corteo carnevalesco, caotico, creativo, partecipato e vissuto, a essere assorbito e poi disciplinato nel rituale della processione. I sinodi settecenteschi riflettevano ancora la preoccupazione della gerarchia di controllare e incanalare devotamente certe processioni popolari come quella del Corpus Domini che conservava tracce del vecchio «rito di violenza», con l'allusivo richiamo al sangue e alla carneficina, con la «nostalgia del nulla» e l'impulso all'eversione caotica e cieca.

La chiesa, prima della metà del Cinquecento, ha rappresentato un continuo punto di riferimento per la cultura popolare, tanto che, con un paradosso razionalmente accettabile, si potrebbe ipotizzare da una parte una chiesa medievale profondamente folclorizzata e dall'altra una chiesa moderna, dalla Controriforma in poi, accanitamente protesa alla cancellazione di quella cultura popola-

[22] De Bartholomaeis, *Giullari farfensi* cit., p. 46.
[23] *Diario fiorentino* cit., pp. 23 e 180.

re con la quale nei secoli di mezzo era vissuta in stretta
simbiosi. La nuova organizzazione voluta dal Concilio di
Trento e la presa di potere di una gerarchia duramente
evangelizzatrice, selezionata in senso antipopolare, im-
presse una brusca svolta, un drammatico cambio al vecchio ordine culturale, cercando di escludere i ceti popolari da ogni possibile forma d'espressione e d'elaborazione,
spontanea o riflessa, della propria visione del mondo e
imponendo un modello di società santa, disciplinata anche nei confronti dei residui eccessi folclorici del basso
clero. Il prete in maschera, animatore del Carnevale, continuava a sopravvivere qua e là per l'Italia ben addentro al
XVII secolo specialmente sull'Appennino, l'interminabile
catena di montagne, spina dorsale della cultura folclorica.
La subalternità – nel senso moderno del termine – comin-
cia a nascere allora, con la fine della cultura autogestita
dal basso, dai *fous*, dalla «gente folle» (cioè dai «paga-
ni», cfr. *Paradiso* XVII 1) secondo gli antichi *sacra* e con
l'imposizione, guidata e pilotata dall'alto, di ideologie
estranee al senso popolare della vita. L'irreparabile frattu-
ra, mentre ha distrutto le fonti della creatività popolare, la
«cultura dell'*hic* e del *nunc*», ha posto le premesse della
mostruosa formula della cultura di massa. La vittoria di
Quaresima, la sconfitta definitiva di Carnevale, l'affer-
marsi dell'etica capitalistica e d'un nuovo rapporto col
denaro, il fatale emergere di nuove ideologie e di una diversa organizzazione del lavoro hanno modificato e ri-
stretto gli spazi culturali ed esistenziali dell'uomo. Ma
hanno anche contribuito ad acuire il senso doloroso del
rapporto fra l'uomo contemporaneo e l'antico, fondato

sopra la consapevolezza d'un tempo concluso e irrepetibile, sopra un amaro sentimento dell'irreparabile e irreversibile entropia fra presente e passato.

La chiesa medievale era un luogo eminentemente teatrale, dove anche la liturgia veniva vissuta e interpretata drammaticamente. Ma era anche luogo assembleare e rifugio, fortezza, granaio; dentro i suoi muri o nel cimitero accanto, si ballava, si mangiava, si passeggiava.

Un sinodo diocesano bolognese del 1566 (siamo agli inizi del nuovo corso) prescriveva:

> Nella vigilia o giorni della festività di ciascuna chiesa non si ballonzi o balli o giuochi pubblicamente nelle strade, piazze, prati o campi di detta chiesa per spazio di mezzo miglio... In essa o suo cimiterio non si mangi, o beva, non si dorma, non si tenghi grano, vino, legna... [24].

Ancora nel 1612 un sinodo ferrarese intimava «ne diebus dominicis aut festis apud Ecclesias aut coemeteria tripudia, saltationes, choreae nullo modo exerceantur» [25].

Un altro sinodo diocesano ferrarese del 1637 (una data straordinariamente «moderna») prescriveva perentoriamente:

> Urgeant... valde parochi, ut in festo Beati Martiri Episcopi, nec non Kalendis Januarii, Maii, et Augusti, *inania et turpia solatia* removeantur... Et quia abusum quodam introductum comperimus in nonnullis nostrae Diocesis locis, sub Kalendis Martiis, *commessationes, ebrietates, tripudia* et *inanes obscenasque vociferationes exerceri*, nos qui huic scandalo mederi volumus ut mulierum honestati con-

[24] *Ordinationi publicate nella Sinodo diocesana di Bologna alli 16 d'ottobre 1566*, in *Episcopale bononiensis civitatis et diocesis*, Benacci, Bologna 1580, c. IV.
[25] Citato in C. Corrain e P. Zampini, *Documenti etnografici e folklorici nei Sinodi Diocesani dell'Emilia-Romagna*, estratto da «Palestra del clero», agosto-settembre 1964, nn. 15-17, p. 8, nota 55.

sulere, nec non *quae paganorum mores redolent*, omnino removere
prohibemus [26].

La scena è ancora quella medievale e il quadro sostanzialmente legato alla religiosità agraria, precristiana, alla
sua incredibile capacità di durata. Pur nel fatale sincreti-
smo, emerge con chiarezza impressionante uno scenario
ancora profondamente «agostiniano» (cfr. ad esempio
De Civitate Dei II IV), come se dodici o tredici secoli di
presenza militante cristiana fossero passati inutilmente.

I *sacra* popolari delle comunità emiliane («quae paganorum mores redolent») tramandarono imperterriti le loro vetuste «turpitudines» («inania et turpia solatia»), le
loro «inanes obscenasque vociferationes» (canti propiziatori densi di oscenità rituale) probabilmente omologhe
alle *incompositae cantationes* di Bernardo d'Angers (secolo XI), a quelle *cantilenae rusticae* («seculares cantilenae») che costituirono il piú antico terreno di «canti popolari» legati anche (se si valuta l'influenza delle *cantilenae rusticae* piú antiche) alle «origini» romanze delle forme ritmiche e poetiche (la *Vita ritmica* di san Zeno, la
Canzone di santa Fides...).

Le feste, le agapi, i giuochi, le azioni teatrali, le mascherate nelle cattedrali, le farse rituali, le danze, vengono a
poco a poco allontanate dall'interno della pieve o della
basilica o del cimitero, trasferite «in atrio ecclesiae» nel
luogo *pro-fano* (innanzi al tempio) e negli spazi che non si
possono valicare: confinati sempre piú lontano dai «luoghi sacri» a mano a mano che ci si allontana dai secoli di
mezzo e si procede nel cuore dell'età moderna. Allo stesso

[26] *Ibid.*, p. 9, nota 56.

modo nei conventi le monache smettono di travestirsi da uomini al tempo di carnevale, mentre gli allestimenti di giuochi scenici scollacciati nei monasteri di frati diminuiscono fino a spegnersi. Il sacro divorzia dal profano, il serioso dal comico, secondo una progressiva tendenza alla formalizzazione astratta dell'espressione religiosa.

Nella diocesi milanese i due Borromeo, come del resto la quasi totalità dei grandi porporati delle altre province, andarono ben al di là della solita condanna formale sancita per secoli da tanti sinodi e concili, togliendo ogni spazio vitale ai comici ambulanti e ai ciarlatani («circulatores») che «a plateis ecclesiarum, tempore divinorum officiorum, expellendi a principibus et a magistratibus eiiciendi, in hospitalibus et piis locis non recipiendi, a clericis non audiendi. Iidem spectacula non agant...», mentre i «vagabundi, seu vagi homines», dovevano essere esaminati e denunciati se non consumavano la comunione pasquale[27], di cui doveva far fede una polizza rilasciata dal sacerdote cui era affidato anche il compito di certificare patenti di povertà, abilitanti alla mendicità.

Il giro di vite controriformistico indotto da un sistema culturale totalizzante, duramente egemonico in chiave di taglienti differenziazioni gerarchiche, spazzò via tutte quelle spettacolari rappresentazioni che durante l'ordine antico avevano avuto nella chiesa il loro centro e il loro punto di riferimento, tutti quei momenti di partecipazione a «giuochi» drammatici extraliturgici eseguiti sopra un rituale diverso da quello ufficiale, *extra canones*,

---

[27] Federici Card. Borromaei Archiepiscopi, *Acta Ecclesiae Mediolanensis, a Carolo Cardinali S. Praxedis Archiepiscopo condita*, Ex officina quon. P. Pontij, Mediolani 1599, p. 401 e *passim*.

espressioni di una liturgia letta in un «messal divér»
(Faustino da Tredozio), in un messale diverso, seguendo
una cultura di arcaica ritualità che non si riconosceva nel
modello impostole dalla cultura dominante, e la cui «diversità» aveva forze di penetrazione tanto attive da modificare profondamente il modello creato dalla cultura egemone.

Una diversità, o un antimodello, se si preferisce, che
coesiste – come è stato notato – con la tipologia culturale
dominante, la quale pur giungendo ad «influenzare» le
manifestazioni del «diverso», ne restava tuttavia profondamente inquinata. «Le situazioni estranee al modello ge-
rarchizzante... – ha notato un'acuta semiologa riferendosi
all'antimodello della cultura popolare medievale – per
esempio i riti delle feste popolari e le fantasie teratologi-
che connesse e i codici comportamentistici... sono ambi-
valenti poiché la trasposizione parodica della cultura alta,
ritualizzandosi, finisce col riprodurre specularmente proprio il modello gerarchico, simbolico, paradigmatico che
rifiuta»[28].

Se una festa patronale cadeva, come nel caso di quella
di San Bassano a Lodi, nel periodo carnevalesco (19 gennaio), veniva rappresentata secondo un rituale parodistico che riproponeva modelli culturali diversi da quelli per
cui la festa veniva celebrata. La cornice era costituita da
un momento del calendario religioso e del martirologio,
in questo caso dal culto del primo vescovo della città che
aveva «convertito» alla nuova cultura egemone cristiana

[28] M. Corti, *Ideologie e strutture semiotiche nei «Sermones ad status» del secolo XIII*, in Id., *Il viaggio testuale. Le ideologie e le strutture semiotiche*, Einaudi, Torino 1979, pp. 241-42.

la comunità lodigiana; il quadro reale – legato al calendario popolare, sommerso ma non cancellato, nonostante la reificazione e la demonizzazione evangelica, con inintelligibili residui di culto della Madre Terra (i leoni) attestato anche da documenti coevi marchigiani e dallo *charivari* nuziale – appariva sorprendentemente diverso dall'attuale nozione di «festa patronale», giuntaci mediata dal rituale controriformistico. Nella relazione d'un cortigiano del duca di Mantova, Federico da Casalmaggiore, indirizzata il 18 gennaio (la vigilia della festa patronale) dell'anno 1495 al suo signore, traspare tutto lo sbalordito sbigottimento d'un uomo di corte inaspettatamente – come a ritroso nel tempo, in un viaggio nel passato – pervenuto nel cuore della cosiddetta «piccola tradizione» (alla quale evidentemente non partecipava): seguendo una variante locale vedeva celebrare un rito cristiano secondo forme non cristiane, chiaramente «carnevalesche», riconducibili al *festum stultorum*.

Gionto ne la terra [Lodi] a uno voltare di strata presso la piaza fui asalito da parechi fanti insieme col capelano e lo prete Copino cum la cavalcata poi che se ne veniva de mano in mano: et io maravigliandomi di tale asalto, se ne acorsero et ilico mi fecino animo dicendo: «non ve dubitate ponto de dispiacere alcuno, l'usanza nostra è che in tale dí usamo questi termini in comemoratione del nostro patrono San Bassano». Et intendendo io questo, presi animo dicendo: «fati il volere vostro». E alora mi cominciorno, come se fosse stato una sposa, a redinare la mia mula, e cusí caminando me condusseno nanti a la chiesa cathedrale insieme cum li seguaci miei. E gionto che fui lí gli ritrovai dui homini armati, quali erano a la guardia de la porta et erano a cavallo a dui lioni [simbolo di Cibele e del culto della Madre Terra]; et io sbigotito per la molta giente che era su la piaza, gli dissi: «hor volete altro da me?» Me rispuseno de sí, dicendo che l'era de bisognio ch'io andasse in chiesa a fare rive-

rentia al suo vescovo. Et volendo io dismontare, non volseno: anzi
mi ferono andare a cavallo sopra la mula in chiesa fino a uno tribu-
nale, là dove gli era posto il prefato vescovo in una sedia pontificale.
E gionto lí, mi tolseno di peso peso da cavallo e mi portarono davanti a esso vescovo, qual era il campanaro vestito da pontefice. Et lí posto in piedi, fui da uno dil pontefice cum uno penello pieno di colore
verde bolato sopra uno pomello. Fatto questo, fui dal sumo padre
cum una benedicione menacevole licentiato e cusí pauroso fui re-
misso a cavallo cum la magiore vergogna che mai avessi a mie' dí per
la moltitudine de gli homini e donne che in essa giesia erano [29].

Un'altra variante della festa dei pazzi era quella che
nella chiesa romana dei Santi Apostoli veniva celebrata il
1º maggio, la cosiddetta «cuccagna del porco», che pare si
protraesse fino al terzo o quarto decennio del XVI secolo.
Questa scomposta «grappariglia» (cosí avrebbe detto un
secentista), questa «gara tumultuosa» (Manzoni) venne
cosí descritta da Marcello Alberino nel suo diario:

Il 1º maggio soleva già antica sí, ma sciocca usanza della famiglia
Colonnese, perché dalle loro case che nella chiesa hanno corrispon-
denza, dalle finestre buttavano di piú sorti animali volatili e altro di
piú specie nel Tempio in fra le donne e uomini che stavano presenti
tutti: però inutil plebe et ignorante popolo, e mettevasi anche un
porco in mezzo della chiesa, in alto sopra un stile e chi saliva a pi-
gliarlo lo guadagnava; e nella sommità del soffitto erano tine et altri
vasi con acqua che si riversavano sopra chi saliva per rendere di
maggior soddisfatione il piacere di coloro che ne erano spettanti. Et
era cosa ridicolosa il vedere la moltitudine sottosopra e come animali desiosi di pigliare gli altri, istare, spingersi e talora con molte botte
di mano mortificare la coraggiosa fatica di coloro che piú audaci degli altri s'inoltravano al conquisto della volante preda; feste però piú
conveniente in piazze profane che in chiese sacrate! [30]

[29] Citato in A. Luzio e R. Renier, *Buffoni, nani e schiavi dei Gonzaga ai tempi d'Isabella d'Este*, in «Nuova Antologia», s. III, XXXIV, 1891, pp. 622-23.
[30] Citato in F. Clementi, *Il Carnevale romano nelle cronache contemporanee*, Ediz. R.O.R.E., Unione Arti Grafiche, Città di Castello 1939², vol. I, p. 29.

Con l'estinguersi della polivalente funzione della chiesa medievale, la vitalità della cultura delle classi subalterne s'impoverisce e si smantella: la perdita della grande scena ecclesiale arreca un colpo decisivo al senso teatrale, creativo e corale della vita comunitaria. La festa e lo spettacolo si privatizzano e il pubblico decade, da inventore e da protagonista, al ruolo passivo di spettatore.

III

Cultura popolare e cultura della povertà

Giulio Cesare Croce, un cantastorie molto piú colto di quanto volesse far credere (gli erano familiari Ovidio e Ariosto, Dante e Petrarca e nella sua *Libraria* le voci della «piccola letteratura» convivono accanto ai classici della tradizione piú illustre), rappresenta nel modo piú completo il complesso ruolo d'un grande mediatore fra la cultura letterata e quella orale, fra la parola scritta della tradizione illustre impressa nel segno stampato dal nuovo esoterismo tipografico e la voce effimera eppur viva e duratura in tutte le sue infinite varianti dell'essoterismo orale, vissuto, tramato, reinventato e ritrasmesso nelle piazze, nelle cucine, nelle stalle, nei trebbi, nelle «scavezzerie», nelle bettole, nelle «stufe». Trasmettitore della memoria sociale della comunità, egli è anche interprete della fermentante vita cittadina, dei suoi «gridi», delle sue voci, colte (nella grande polifonia del «vissuto» comunitario urbano, nell'intrecciarsi delle parlate dialettali e nell'incrociarsi dei linguaggi professionali, corporativi, gergali, settoriali) nel doppio registro dell'imitazione e della registrazione, della parodia e del grottesco, del fantastico e del reale, del comico e del tragico: il carnevale con i processi e i testamenti rituali, i «contrasti», le «battaglie», le «mascherate», le partenze, i ritorni, la cucina grassa, il mangiare iperbolico, i «diluvianti» e gli «squaquaranti», i giganti, i nani, i gobbi; i riti di mezza Quaresima con il taglio della Vecchia e la cucina magra; le feste municipali e la socialità contadina (*La tibia dal Barba Pol dalla Livradga...*); gli aspetti corali della vita entro le mura (i lamenti, il carovita, la carestia, il gelo, la neve, gli sfratti, i supplizi dei malandrini...); gli echi della cultura artigianale e protoindustriale sorprese nel loro farsi, come le voci delle «caldirane», operaie dei filatoi di seta...

L'eccezionale polifonia orchestrata da Giulio Cesare Croce è indice non solo di uno straordinario virtuosismo eclettico, ma anche d'una mediazione interclassista, incoraggiata dai suoi nobili protettori: in realtà le tensioni fra i vari strati sociali erano molto piú profonde di quanto non trapelino, filtrate e attutite, dalle sue innumerevoli operette, talvolta frastornanti e illusionistiche. Se si apre il *Trattato sopra la carestia e fame* (1602) del suo conterraneo e contemporaneo Giovan Battista Segni – uomo di chiesa – ne verrà fuori un quadro sociale (ripreso per la verità quasi per intero dalla *Piazza universale* di Tommaso Garzoni) ben altrimenti concitato e drammatico, da cui affiora una realtà sociale profondamente diversa:

> Chi vuol veder la miseria di questa presente carestia e fame sopra modo miserabilissima, dovrebbe essere in certe cittadi e terre che sono tiranneggiate, dove le gabelle sono tanto in colmo che niente piú, e vedrebbe a' fondachi e caselli mettersi il pane nero come un carbone o berettino [grigio] come la pelle di un asino e di tal mistura che i struzzi nol padirebbono, e tanto picciolo che pare pallotte di zarabottana, e cosí caro che s'augurano mille mali a chi n'è causa e con tal ciera venduto che par che venga dalla mano del boia, e sí spesso conteso che ci vogliono i bastoni, i pugnali e le picche a poterlo avere, e in sí poca quantità portato fuori che muoiono le po-

vere fameglie dal disagio e dalla fame biastemmando i traditori de
gli usurai, e manigoldi de i ricchi, e gl'assassini de' gabellieri che
mettono carestia tanto crudele e tanto iniqua.

Sentirebbe il popolo gridare, la plebe vedria con ragione tumul-
tuare; li poveretti stridere all'aria; i contadini di fuora esclamare a
piú potere; li spedali empirsi; le porte de i ricchi intonarsi di miserabili voci; la piazza ripiena di furori; i fondachi e caselli attorniati da
gente calamitosa e infelice; gridando la terra e sospirando l'aria, ge-
mendo il cielo per cagione di tanta penuria e d'una sí insopportabile
carestia.

Udiria tanti furti, tanti ladronezzi, tanti rompimenti di granai,
tante vergini stuprate per un pezzo di pane; tanti mariti per un soldo
fatti infami volontari, che verissimo conosceria il detto Regnicolo
Foretano «In tempo di gran carestia di pane, non esser miglior der-
rata che di carne umana». Quello che volse dir anco Quintiliano
(declam. 12) quando diceva *Non habitant simul pudor et fames*. Vedria tanti omicidi di gente ricca, tanti strepiti d'armi che tutto stre-
miria. I dazi son svaligiati, i fondachi vuotati, i banchi rotti, i fornari
bastonati o posti in berlina o messi al publico spettacolo della corda,
o impiccati per la gola, portandosi da ghiottoni e da ribaldi [1].

In tutta la sterminata produzione di Giulio Cesare Croce, se non mancano di farsi sentire le voci dei «poveri»,
dei «poveretti», dei «malcibati», si attenua la dimensione tragica delle «miriadi mendiche» di Ovidio Montalba-
ni, di quelle sterminate turbe di pezzenti dei secoli centrali dell'età moderna che il sistema di vigilanza assistenziale
riusciva in qualche modo a controllare (sopra i poveri ec-
cedenti la portata media delle opere pie, s'abbatteva ogni
tanto il «provvidenziale» intervento delle pestilenze
quando non fosse sufficiente la normale endemia a man-

[1] G. B. Segni, *Trattato sopra la carestia e fame, sue cause, accidenti, provisioni e reggimenti, varie moltiplicazioni, e sorte di pane. Discorsi filosofici*, per Gio. Rossi, Bologna 1602, pp. 54-55.

tenere bilanciato l'equilibrio demografico). Un silenzio perfetto sembra essere calato su quelle *classes dangereuses* che gli intellettuali detestavano dal profondo delle loro viscere. Disprezzo e odio che innescavano il piú efficace dei meccanismi d'esclusione, la «dimenticanza».

È il caso del «dimenticato», autosepolto e da poco riaffiorato *Paltoniere* di Baldassarre Bonifacio (1629) nel quale la paura dei grandi numeri, delle moltitudini, della moltiplicazione dei poveri, diventa incubo di classe; la proliferazione degli straccioni, dei «matta-panes», dei «formiconi scioperati», della «turba magna», della «ciurma», dei «paltoni» (come pure l'allarmata preoccupazione per i matrimoni fra nullatenenti, che affiora dalle pagine dei cronisti urbani del Seicento) fa germinare non solo immagini ossessive legate al movimento, alle maree, alle alluvioni, ma porta anche alla teorizzazione dell'origine subumana dei miserabili, generati dalla corruzione della materia organica, *ex putri*, dalla putrefazione delle carni, alla stessa stregua della nascita di immondi vermi e insetti; bruchi e locuste e lumache partoriti da letame umano:

> Tanti son questi, di color di cenere
> depinti in viso, che non han ricoveri
> che paion nati *ex putri*, e non per Venere,
> né si trova contista che li annoveri.
> Non è chi piú di lor pulluli e germini,
> e nel proprio letame anco s'ingrassano,
> come se fosser scarafaggi o vermini.
> E, benché fame orribile gli estermini,
> qual teste d'Idra rinascendo, passano
> oltra tutti i confini e tutti i termini [2].

[2] B. Bonifacio, *Il Paltoniere*, a cura di G. Fulco, in «Strumenti critici», 1978, nn. 36-37, p. 180.

Nei momenti di piú acuta crisi, la realtà sociale li scara-
ventava sul proscenio di un drammatico teatro di spaventi
quando, furiosi burattini affamati, tumultuavano per le
città, divenuti padroni collerici di quelle strade sulle quali
erano soliti strascinare la loro miserabile indigenza di mostruosi rottami umani, mentre i ricchi si barricavano dietro i ben muniti usci che rintronavano sotto i colpi degli
ossessivi «picchia-porte». Nell'imminenza della Pasqua
del 1629, in una Treviso rabbrividente per l'invasione di
montanari affamati unitisi ai pitocchi professionisti, Baldassarre Bonifacio, un intellettuale legato all'oligarchia
senatoriale veneziana, andava tracciando i piani d'una
strategia preventiva nei confronti della «canaglia», teorizzando addirittura la distruzione anticipata delle classi
inoperose e malate e auspicando la grande, terrifica scopa
della peste (la «ghiandussa»), unica efficace medicina
(«vera triaca») all'eccedenza demografica.

La moltitudine, anco di cose inferme, si rende sempre sospetta; e
bene, appresso Livio, disse Catone: *Ab nullo genere non summum
periculum est, si coetus esse sinas*. Onde saviamente i Pigmei nell'uo-
va uccidono le nemiche gru, prima ch'elle moltiplicando s'avanzino.
Debili sono le scolopendre, e della patria cacciarono i Treriesi; debili i topi, e desertarono l'isoletta di Giaro; debili i ranocchi, e spopo-
larono quasi l'Egitto; debili finalmente i conigli e le talpe, e pur queste in Tessaglia, e quelli in Ispagna minarono le città. Sostennero
spesse volte gli antichi la guerra indegnissima de gli schiavi; e poco
fa sostenne Ferdinando Imperatore la guerra atrocissima de' villani.
Or che sarebbe se a noi toccasse di guerreggiare co' mendicanti?
*Apparuit quantum periculum immineret, si servi nostri numerare nos
coepissent*, dice Seneca, e a ragione, perché afferma Ateneo che v'e-
ra tal cittadino in Roma che nutriva diece e venti migliaia ⟨di schiavi... pericolo a noi sovrasta⟩, se i nostri mendichi ci numereranno;
tanti essendo essi oggidí, quante furono all'età de gli avoli nostri
quelle portentose locuste che d'insolita nube offuscarono il sole.

Onde non è meraviglia se un Re di Francia et un Arcivescovo di Magonza armarono i battaglioni e strinsero il ferro per cacciare i pitocchi da gli stati loro et assicurarsi contro la insolenza di tanta canaglia [3].

Eppure anche questa «canaglia», queste «compagnie ladre e gaglioffe», questa «innumerabile famiglia | de' calcanti», questi «mattapanes» o «picchia-porte sol nati a trasformar bocconi | in stronzi», avevano una loro cultura e una loro letteratura: preghiere, scongiuri, formule d'invocazione e di questua, canzoni, nenie e cantilene, le ossessive stereotipie frenetiche che cantavano e recitavano nell'esercizio della loro triste «arte», nell'allucinante teatro popolare degli storpi, dei mutilati, dei ciechi, dei gobbi, dei gozzuti, degli impiagati, semidistrutti dalle antiche orribili patologie come la lebbra, le scrofole, la scabbia, la tigna, la rogna, drogati dalla fame, intossicati da alimenti guasti e verminosi, da pani adulterati e stupefattivi.

Uomini morti che vivono – li descriveva nel IV secolo d. C. con smagliante e pur orrifica eloquenza Gregorio Nazianzeno, che noi riascoltiamo volgarizzata dalla penna prestigiosa di Annibal Caro – che nell'estremità de' lor corpi sono per la piú parte logori, che non si conoscono appena né chi siano già stati, né donde siano; anzi reliquie infelici d'uomini già, non piú uomini... storpiati da tutte le parti; abbandonati dalla roba, da' parenti, dagli amici, da' corpi lor propri; uomini che soli fra tutti gli altri uomini sono egualmente miserabili e odiosi a lor medesimi; e che non sanno di che piú si debbano dolere, o delle parti del corpo che non hanno piú, o di quelle che son loro rimaste, o delle già spente dal morbo, o dell'altre che gli restano a spegnere; perché quelle sono miseramente consumate, e queste a maggior miseria si preservano; quelle son morte prima che sepolte, ed a queste non è chi sia per dar sepoltura... Cosí giorno e notte ramminghi, male avviati, ignudi, e senza ridotto alcuno, facendo

[3] *Ibid.*, pp. 171-72.

mostra del male, raccontando delle cose antiche, invocando colui
che gli ha fatti, servendosi l'uno delle membra dell'altro in luogo di
quelle che gli mancano, con certe *cantilene composte da loro* per
concitar misericordia vanno accattando un tozzo di pane... Ed a chi
non si schianta il core sentendo i lamenti e i cordogli de' *canti com-
posti da loro*? quali orecchie possono udire un suono tale? quali oc-
chi soffrire una tal vista? Giacciono insieme congiunti dal male: e chi con uno storpiamento, e chi con un altro concorrono
tutti a far uno *spettacolo* di molta commiserazione; avendo ciascuno
le passioni degli altri per aggiunta alle sue: miserabili per il morbo, e
piú miserabili ancora per la comunicanza d'esso. *D'intorno hanno
un teatro di persone* che si condolgono ben della loro miseria, ma però poco vi dimorano: ed essi intanto si vanno voltando lor fra' piedi;
si stanno esposti al sole, rinvolti nella polvere, assediati tal volta da'
freddi, i meschini, e combattuti da piogge e da venti incomportabili;
intanto non calpestati dalla gente, quanto per ischifiltà non è chi
s'arrischi di toccarli. Avanti alle chiese le lor lamentazioni contur-
bano dentro il cantar degli offici; e le voci de' divini misteri hanno
per contrappunto gli urli e i rammarichi di questi infelici... [4].

Dal IV secolo d.C. al XVII (ma le testimonianze ci con-
ducono alle soglie del nostro) questi ripugnanti straccioni
dai corpi «corrotti», immagini scostanti d'impurità e di
contaminazione, potenziali «untori» e lerci distruttori di
beni, continuarono ad essere «cacciati delle città, cacciati
delle case, de' conventi, delle strade, dell'adunanze de'
conviti... infin dell'acqua che corre a comun uso degli altri
uomini; e i fonti e i fiumi si crede che sieno in un certo modo infetti da loro... dovunque capitano sono ributtati come esecrabili» [5]. Molti dei cantastorie, dei «ciechi», dei
«guidoni», dei «rumí» (o «romei», mendicanti e cantori

---

[4] *Due orazioni di Gregorio Nazianzeno teologo... ed il primo sermone di s. Ceci-
lio Cipriano sopra l'elemosina, fatte in lingua toscana dal commendatore Annibal
Caro*, dalla Tipografia Patria, Vercelli 1777, pp. 101 sgg. (il corsivo è nostro).
[5] *Ibid.*, p. 104.

di campagna) provenivano dalle loro miserabili falangi, come pure altri cantori di strada o di mercato, monchi o con gambe di legno, suonatori d'organetto a manovella, di violino o di «lira» (la *lyra pauperum* o «lirone»), venditori ambulanti di «avvisi», di lunari, di vite di santi. Esistevano confraternite d'accattoni – come quelle succintamente descritte in un verbale criminale romano di fine Cinquecento – che cantavano e recitavano le vite dei santi, vendendone poi le «historie», i fatti miracolosi, le leggende:

> la Compagnia delli Succhiatori... quelli che si fermano in qualche contrada e vendono le historie de' santi et orazioni di sante et le cantano, et insieme addimandano la elemosina [6].

Altri cantori di strada – addirittura bambini – formavano la compagnia dei «Biganti... quelli putti furbi che si fermano alle porte et cantano: *O Maria Diana stella*» [7].

Cantori di strada, di piazza, d'osteria, centri sociali d'incontro e perciò di elaborazione e di diffusione della cultura popolare, al pari delle stalle, dei mulini e delle barche della lenta navigazione fluviale. Simboliche, nel loro scorrere uniforme sulle acque, d'un tempo e d'una vita sociale lenta a muoversi; una vita a bassa tensione, ipotesa, dove anche le disperazioni singole e i drammi collettivi appartenevano a una misura agraria del tempo scandita dal monotono e uniforme movimento della zappa e dell'aratro, a bordo delle quali – racconta Tommaso Garzoni – «si contan favole, si caccian carote, si

---

[6] Citato in *Il libro dei vagabondi*, a cura di P. Camporesi, Einaudi, Torino 1990[3], p. 357.

[7] *Ibid.*, p. 358.

dicono istorie, si canta, si gioca, si ride, si mormora, si
sguazza, si trionfa, si bestemmia...»⁸. Centri permanenti
d'avvicinamento, a differenza dei mercati e delle fiere
(punti d'incontro mobili) dove i ciechi girovaghi raccon-
tavano «historie o favole e leggende» e vendevano, in
concorrenza coi merciai ambulanti (i *marzari*), labili ed effimeri libricciuoli di quattro carte, destinati a breve vita,
contenenti «villanelle ed altre rime che sogliono cantare
i ciechi ed altri guidoni che le portano a vendere per le
città»⁹.

La tendenza all'emarginazione della cultura popolare
si fa piú accelerata verso la metà del XVI secolo, portando
a un rapido processo di sfaldamento una certa unità culturale che aveva caratterizzato l'età medievale; la scienza,
sempre piú ideologizzata e legata al potere, accentua, san-
zionandola con la sua autorità, la dicotomia sociale e intellettuale fra privilegiati e no, divulgando una serie di
pregiudizi pseudoscientifici allo scopo di rinserrare in
un'area alienante e in un cerchio di animalità infamante il
villano sempre piú «bestiale», sempre piú «pazzo».
Le parabole dietetiche, quelle che narrano la morte degli inferiori perché, traditori della loro vocazione biologi-
ca, sono passati alle «vivande gentili e delicate» (*Le sottilissime astuzie di Bertoldo*), o quelle «historie naturali» di
Baldassarre Pisanelli che indicando nella cipolla e nella
fava gli alimenti congeniali ai villani e nel porro «la peg-

⁸ T. Garzoni, *La piazza universale di tutte le professioni del mondo*, Somasco,
Venezia 1587, p. 869.
⁹ F. Moneti, *Specchio ideale della prudenza tra le pazzie...*, Nestenus e Borghi-
giani, Firenze 1707, p. XVII.

giore vivanda e la piú detestabile e viziosa che si possa usare... cibo da persone rustiche»[10], sanzionano l'inferiorità sociale e intellettuale dei contadini in modo subdolo e ipocrita. Esse corrispondono, in un perfetto processo di reciprocità, agli esiti funesti che le pappe dei poveri, le polente di cereali inferiori esercitano sui cavalieri, perennemente affamati e bisognosi per legge di natura d'un regime carneo ad altissimo potenziale proteico (anche fuori delle parabole, la distinzione fra «bocche da grano» e «bocche da biada», fra pani nobili e pani ignobili continuerà nella pratica d'ogni giorno fino agli inizi del XIX secolo). Cosí Orlando muore: il ventre gli è diventato, per aver trangugiato troppa polenta,

> ... pieno, gonfio e duro in modo
> che pare un sasso adamantino e sodo.
> Si corca al fin in terra e si distende,
> Immobil fatto e dal suo peso oppresso,
> E poi che di morir certo si rende,
> Si duol de la fortuna e di se stesso.
> «Ah, vano amor – dicea – che 'l cor m'accende,
> Vorace fame, ohimè, che m'ha depresso,
> Mortifera polenta, iniqua sorte
> Che per troppo mangiar m'ha dato morte!»[11]

Né è un caso che il *Morgante*, il piú carnevalesco e «rovesciato» fra i cantari tardo-cavallereschi, uscito dalla penna d'un cortigiano emarginato e deluso che vantava

---

[10] B. Pisanelli, *Trattato della natura de' cibi et del bere...*, Comino Ventura, Bergamo 1587, p. 47. Opera fortunatissima, di cui sono note almeno venticinque ristampe.

[11] *La Polenta. Poema eroico, nel qual si vede come Orlando Paladino morisse per mangiare troppa polenta*, Cesare Righettini, Treviso 1580, in E. Lommatzsch, *Beiträge zur älteren italienischen Volksdichtung. Untersuchungen und Texte*, vol. I: *Die Wolfenbütteler Sammelbände*, Akademie, Berlin 1950, pp. 173-74.

nobili antenati, sia anche il piú efficace esempio di trivia-
lizzazione dell'eroe, di demistificazione della cavalleria,
di parodia del potere, della battaglia e del sangue. Rinaldo, Astolfo e molti altri eroi della tradizione cavalleresca
riscoprono il piacere tutto aristocratico (ormai reificato
dal perbenismo dei nuovi nobili) di ritrovarsi assassini e
banditi da strada: a costoro (specialmente a Rinaldo) la
voracità è perenne compagna; al cugino di Orlando il
«gorgozzul» «pizzica» cosí frequentemente che lo fa trasformare in «lupo rapace» o in un «ciuffalmosto» quan-
do vede «... molta broda comparire | in un paiuol, come si
fa al porcello», simile a un «porco col griffo nel caldaio di
broda»: lui e i suoi compagni (tutta «gente da godere»)

> ...vanno combattendo il pane e 'l vino,
> e carne, quando e' ne possono avere. (III, 40.4-5)

Alla gente ignobile dei monti e dei campi, invece, igna-
ra di «creanze» e praticante un rozzo «galateo alla riversa», la provvidenziale natura aveva riservato alimenti al-
trettanto ignobili:

> I castagnacci – erano le conclusioni filosofiche di fra' Francesco
> Moneti – sono un cibo vilissimo, che serve per vitto di gente rozza
> abitatrice delle montagne, e di tutti quei villani che non hanno co-
> modità di fare il pan bianco col grano del padrone formichevolmen-
> te scansato dall'aia avanti che sia misurato... In somma il castagnac-
> cio è una delicata vivanda per coloro che hanno un poco meno del-
> l'esser umano e un poco piú dell'esser bestiale, tra quali piú la fame
> che la discrezione si fa conoscere. Quindi, perché secondo i filosofi,
> *cibus convertitur in substantiam animi*, noi potremo argomentare «a
> posteriori», cioè dalli effetti di questo cibo lasciato piú volte in di-
> versi greppi, come i termini del viaggio, ed osservati dalli periti, che
> la farina di castagne contenga in se stessa una virtú diseccante, anzi
> distruttiva de' buoni costumi, della creanza e d'ogni civiltà; e

però si vede che ordinariamente da quei paesi dove per mancanza di grano la natura produce gran quantità di castagne per farne poi il pan di legno, onde non di altro si vive che di pattona e di castagnacci, sogliono uscire personaggi qualificati di selvaggia natura nel trattare, dotati di rozzo, benché malizioso ingegno, di grossolani costumi, e in tutto e per tutto incivili, indiscreti e mal creati, eccettuatone pochi, ma rarissimi[12].

Questi montanari e contadini di «selvaggia natura» null'altro possedevano se non un ventre smisurato e una fame incolmabile: «nihil praeter ventrem». La cultura della fame e della povertà non può non essere agli antipodi di quella della ricchezza e dell'abbondanza e l'uomo *saturatus* non può essere uguale a quello *ieiunus* neppure nell'espressione: il *Contrasto del Fortunao e del Zani* è pur sempre uno scontro fra due culture fra loro ripugnanti e l'iperbolico «magnar del zane» un fatto duramente esistenziale, che i ricchi non possono comprendere:

> Se le città fus pezze de formai,
>   e le vile, castei fus macarò,
>   no i basteria per imprime ol ventrò[13].

Al mito biblico-ebraico dell'Eden primitivo (quello che nel Medioevo formerà la preziosa favola del paradiso «deliciano»), al sogno classico dell'età dell'oro, la fantasia popolare amerà contrapporre il paese dell'eccesso alimentare, quel paese di Cuccagna (parodia dei sogni edenici?) che rappresentò non soltanto un'evasione di massa dalla realtà, un sogno utopistico dell'impossibile, un mo-

---

[12] Moneti, *Specchio ideale* cit., p. 169.
[13] *Contrasto del Fortunao e del Zani in ottava rima, con alcune stanze in lingua bergamasca del magnar del Zane, cosa bella e nuova*, nuovamente posta in luce, s.n.t., s. l. 1576, c. 4r.

mento di narcosi collettiva, ma anche una delle piú intense, seppur cifrate, voci del dissenso e della contestazione sociale perseguite attraverso il recupero onirico della salute, della giovinezza, della purezza d'animo, del piacere corporale, della soddisfazione totale di quei bisogni primari che l'etica della Chiesa e delle classi al potere rigettava sempre nella prospettiva labilissima dell'aldilà, mentre inculcava nei subalterni la morale della rassegnazione e della pazienza. La comunione dei beni, l'abolizione della proprietà privata e il sogno della *renovatio* rappresentano i momenti piú profondamente «politici» dell'utopia di Cuccagna vissuta intensamente dal basso, aspirazione diffusa a una realtà diversa, piú che mito di compensazione, in cui – come nella rivolta dei contadini friulani del 1511, prima della feroce repressione – la sommossa si trasforma in una parata carnevalesca, in una clamorosa inversione di ruoli anticipata da «diaboliche... e molto sporchissime parole»:

> Si videro allora quelli del popolo et i contadini andar vestiti con abiti di seta de' nobili svaligiati, chiamandosi l'un l'altro col nome dei patroni di quei vestimenti. Anche le toghe de' dottori servirono per loro adornamento, e le vesti di gentildonne alle mogli loro [14].

Anche un poeta friulano del XVI secolo, interpretando con estrema coerenza realistica il sogno acuto del rovesciamento, rigettava con feroce voluttà sui signori i topi, gli scorpioni, i ragni, le mosche, le vespe, le pulci, i tafani, i vermi, i pidocchi e tutti gli altri animali che vivevano sulla pelle o vicino alla pelle dei contadini e sognava

---

[14] G. F. Palladio, *Historie della Provincia del Friuli*, Nicolò Schiratti, Udine 1660, p. 107.

> Pan di mei e di sorch angh ai signors,
> Zonte chiar di piore e iet sul fen,
> A loor ⟨,⟩ el ben a no lavoradors

(Pane di miglio e di sorgo anche ai signori | aggiungi carne di pecora e letto sul fieno | a loro, il bene a noi lavoratori).

Per sovrappiú si augurava che tutta l'infinita schiera delle antiche e ripugnanti patologie, dei morbi laidi d'antico regime s'abbattesse sui ricchi, liberando i poveri dalla loro tormentosa e crudele presenza:

> Raibe stizze velen el maal mazuch
> Mal di sclese e di sclop lancuur foiaal
> La madreule el madron e ogni maal
> Ai signors e iu tiri in t'un scrusup [15]

(Rabbia stizza veleno l'epilessia | «mal di sclese e di sclop» angoscia malanno | l'isterismo l'ipocondria e ogni male | ai signori e li tiri in una catapecchia).

Il contadino, la «schiuma» del mondo, l'uomo-bestia «né pour la peine» (come si diceva in Francia sotto l'*ancien régime*), generato per la fatica cupa e brutale in segno d'espiazione, mai raggiunta, dell'antico sanguinoso oltraggio al Redentore («Christo fo da vilan crucificò»), quando le crisi di furore non lo eccitavano a sanguinosi massacri sognava – in una dimensione etica e sociale diametralmente opposta a quella mercantile – la metamorfosi in poltrone e l'avvento di un regno egualitario dal quale venisse cancellata la proprietà privata:

> Non ci è là [nel *Mondo nuovo*] contadini né villani...
> Non son partiti campi, né contrade,
> Ché de la robba per tutto ne avanza,

---

[15] G. B. Corgnali, *Testi friulani. Cinque sonetti friulani del secolo XVI*, in «Ce fastu?», 1965-67, p. 62.

Cosí il paese è tutto in libertade... [16].

Il mare di sugo e polenta è soltanto il piú vistoso e su-
perficiale elemento di un malessere che per esprimersi ha
usato la voce del desiderio come la «mula de Parenzo»,
interprete del desiderio popolare di cibo e d'amore:

> Se il mare fosse tocio
> e le montagne polenta,
> o mamma che tociade,
> polenta e baccalà.
> Perché non m'ami piú...

Il sogno di una profonda *renovatio* (rinnovamento sociale piú che «rinascita» in senso religioso) si esprime anche nelle immagini grottesche e truci del «mondo alla rovescia», dove il *topos* letterario viene rivissuto dalla cultura popolare in modo non passivo né libresco, ma nel senso
della rivincita sociale, in un mondo scardinato nelle sue
componenti e nelle sue strutture tradizionali: i padroni
che lavorano, i villani che li guardano lavorare, le donne
che comandano sugli uomini e le mogli in particolare sui
mariti, il macellaio sgozzato dalla bestia che si accinge a
trucidare, il cacciatore cacciato, la formica che uccide il
ragno, ecc. Però anche qui la carica protestataria emerge
nel particolare linguaggio popolare, parabolico e allegori-
co, attraverso immagini oblique ed enigmatiche, spesso
inquinate e deviate in senso moralistico, in lamento della
decadenza dei costumi come nel *Mondo alla rovescia* di
Giulio Cesare Croce, lunga deprecazione sulla perversità
degli anni ultimi confrontati con quelli passati.

---

[16] Anonimo, *Capitolo qual narra l'essere di un mondo novo trovato nel Mar
Oceano*, in Camporesi, *La maschera di Bertoldo* cit., p. 311.

Nel mondo contadino non interpretato né mediato dai cantastorie di città, le immagini «rovesciate» germinavano con forza spontanea e irresistibile vitalità. La cultura dei «villani» molisani ne è un esempio: quando lavora come una bestia il «cafone» sogna «cose pazze», inversioni, evoluzioni, rovesciamenti, rivoluzioni, l'annullamento delle autorità, in una parola il «mondo a capinculo» (*u maounne a capeckeule*), con la testa al posto delle natiche e viceversa, un mondo dove chi ha sempre mangiato «pane e sputo» (*pan e sptet*) può mangiare finalmente a sazietà, dove gli asini procedono davanti e i cavalli dietro (*l'asn aannenz e i cavall arrèt*), dove tutti si riposano e mangiano, in un caos organizzato e trasgressivo della odiata norma padronale.

Nell'Italia del Nord la cultura popolare ha espresso attraverso i proverbi e le battute dei burattini il drammatico assedio della fame: «Qui si mangia il pane con le briciole» (*Que as magna al pan con el brisel*); «Mi cascano le budelle per la fame» (*Am casca el budel da la fam*). *A san pein ed vudan* («Sono pieno di vuoto») era solito dire il bolognese Fagiolino, in un ossimoro serio-faceto nato in tempi nei quali «i poveri non avevano caldo nemmeno il fiato» (*i puvrett n'aveven nianch al fiè cheld*).

Nel Sud la voce dei diseredati ha indicato nel paese della Fame la contrada opposta a quella di Cuccagna: «lu paise nosciu se chiama povertà», dice un canto popolare della provincia di Lecce. Mentre un altro s'indirizza ai

nunni [uomini]
ca menati na vita tranquilla,
nunni ci tutti sapiti [uomini che tutto sapete],
nunni ci teniti a manu la putenza [uomini potenti],

utati l'occhi a mera ste cuntrade [voltate gli occhi verso queste
contrade]
a du se balla lu ballu te la fame.

In aggiunta alla codificazione in norma sociale del doppio regime alimentare imposto attraverso i meandri ingannevoli della falsificazione fisiologica, la cultura elitaria
possedeva un'altra forma di controllo e d'emarginazione
ancor piú sottile e invisibile: il potere di ripartire il tempo,
di modificare le scansioni dell'anno, di scegliere fra i giorni di lavoro e quelli di festa. Il calendario popolare, o per
meglio dire contadino, non ignaro di una sua semplice e
rozza astronomia ma sprovvisto di nozioni matematiche,
era sostanzialmente un calendario di programmazione dei
lavori agricoli articolato sulle stagioni, i movimenti del sole e della luna, le scadenze solstiziali, l'aprirsi e il chiudersi
dei cicli; la Chiesa invece, pur costretta a tener conto del
computo agrario, aveva elaborato un insidioso calenda-
rio-trappola, matematico da una parte e agiografico dal-
l'altra, incomprensibile nella sua duplice, artificiosa astra-
zione ai contadini e, in parte, anche allo stesso clero di
montagna prigioniero (prima della Controriforma) di
quella cultura «folclorica» che avrebbe in teoria dovuto
esorcizzare. La novelletta «De sacerdote qui ignorabat
solemnitatem Palmarum» del *Liber facetiarum* di Poggio
Bracciolini e la tradizione orale popolare convergono nel-
l'indicare le difficoltà computistiche del clero meno evo-
luto.

Certo non si arrivò, in Occidente, alla finezza del Celeste Impero di regolamentare il tempo secondo due diversi
calendari ufficiali, «uno per il contadino, basato sulle stagioni, e l'altro per lo scriba, consistente in un puro sistema

geometrico» [17], ma non è azzardato accettare la tesi avanzata da Harold H. Hinnis che in alcuni sistemi politici, come in quello dell'antico Egitto, il calendario rappresentasse uno strumento di potere nelle mani della classe sacerdotale e che la «memoria sociale... fosse essenziale all'espandersi delle dinastie egiziane nello spazio e all'egemonia dei preti nel tempo» [18].

Il possesso del calendario diventò un formidabile strumento d'organizzazione sociale e di condizionamento politico che sanzionava in modo impalpabile ma solido l'egemonia sociale, oltre che la supremazia religiosa, della Chiesa: un fatto politico oltre che religioso, al servizio di un'ideologia missionaria intollerante e trionfalistica che aveva fatto suo il programma agostiniano «de cathechizandis rudibus», il progetto di asservimento universale (o di liberazione totale dell'uomo interiore, se si preferisce).

L'asservimento si mimetizzava nell'educazione e nella civilizzazione di costumi, barbari e rozzi se rapportati a un astratto (ma non disinteressato) modello di comportamento programmato e imposto dall'alto, una strisciante catechesi che poteva presentarsi anche sotto l'etichetta ambigua della costruzione del nuovo cristiano. A partire dalla seconda metà del XVI secolo la gerarchia ecclesiastica si serví anche d'intellettuali laici per cercare di formare ed educare l'uomo nuovo dei campi, modellato secondo gli ideali della Controriforma, e con lui la sua donna e la sua famiglia. Il processo di trasformazione dei «rozi villani»

[17] E. R. Leach, *Computo primitivo del tempo*, in Id., *Storia della tecnologia*, Boringhieri, Torino 1961, p. 121.
[18] Citato in D. Riesman, *Critica dell'abbondanza*, Bompiani, Milano 1969, p. 92.

in «contadini costumati e da pari loro ben creati»[19], di
eliminazione del loro galateo «alla riversa», di quelle
«creanze de' villani» sopra le quali in quegli stessi anni
s'intratteneva con partecipazione e simpatia l'anonimo
autore (Giulio Cesare Croce?) dell'*Itenerario di uno peligrino incognito*, venne perseguito nel Ravennate da Bernardino Carroli (un intellettuale legato anche per motivi
professionali alla grande proprietà terriera e alla gerarchia
cattolica) nel dialogo in tre libri *Il giovane ben creato* (2ª
ed. 1583) in cui s'impartivano a un giovane contadino i
precetti dell'istruzione religiosa di base, insieme alle in-
formazioni tecnico-agronomiche, affinché potesse impa-
rare, da una parte, «l'arte verace di servire a Dio, | di go-
vernare la casa et esser pio» e, dall'altra, «la terra coltivar
di parte in parte...»[20].

Per il contadino, come per il vagabondo e il furfante, la
provvida e onnipotente politica culturale della Chiesa, te-
sa alla riconquista cristiana di tutta la società (nasce nel
XVI secolo anche la nuova «christiana medendi ratio»,
una medicina-controllo, nella quale la salvezza dell'anima
importava piú dell'integrità del corpo, per cui il confesso-

[19] *Il giovane ben creato di Bernardino Carroli da Ravenna. Diviso in tre libri.
Nel primo de' quali si contiene come si deve vivere christianamente. Nel secondo,
come si deve governare la famiglia, et che buoni costumi debba tenere et osservare.
Nel terzo, s'impara tutto quello, che s'appartiene all'arte dell'Agricoltura. Libro utile, et necessario ad ogni persona*, presso Cesare Cavazza, Ravenna 1583, p. 190. Cfr.
di Elide Casali, «*Economica*» e «*creanza*» cristiana, in «Quaderni storici», n. 41,
1979, pp. 555-83; e soprattutto *Il villano dirozzato. Cultura società e potere nelle
campagne romagnole della Controriforma*, La Nuova Italia, Firenze 1982.

[20] Questi versi si citano dalla prima edizione ravennate di G. Corelli e G. Ven-
turi del 1581, p. 5, che porta il titolo di *Instruzione del giovane ben creato di Bernardino Carroli da Ravenna. Divisa in tre libri. Utile et necessaria a quelli che desidera-
no di ben vivere*, p. 5.

re contava piú del terapeuta), non era avara di ammaestramenti di sana vita morale, di tecniche di redenzione parallele alle tecniche di lavoro. Al giovane bifolco destinato a essere rifondato nelle strutture mentali e nella *pietas*, come al vecchio e stanco professionista della truffa, la Chiesa offriva ricette spirituali con liberale sollecitudine. Ormai ravveduto e tutto rivolto alla cura dei figli (è l'edificante cliché controriformistico) lo stanco paltoniere, l'incallito gaglioffo divenuto, nel nuovo clima, «guidone vecchio, padre di famiglia», lascia in spirituale legato all'erede la sua «gemma preziosa», il «ricordo» sovrano: «*In primis*, ama Iddio sopra ogni cosa».

L'antico, glorioso «governo della famiglia», uno dei capisaldi dell'etica mercantile borghese, tramonta, ormai irriconoscibile in questa sua zuccherosa metamorfosi, entrando nella melliflua galleria degli *Agnus Dei* devozionali.

Nell'accelerato processo di recupero cristiano a tutti i costi e in tutte le direzioni intrapreso dalla Controriforma, la prostituta e lo straccione, il villano e il soldato, il paltoniere come il principe, il vagabondo come il dottore, la vergine come la sposa o la vedova diventano oggetti sociali su cui sviluppare una strategia di bonifica e di controllo integrale ed egemonico. Tutti, le «persone fisiche» insieme alle arti, ai mestieri, alle professioni, devono sottoporsi a uno speciale trattamento confessionale per «servir di specchio al Cristianesimo». Tutti, anche i mercanti. Per loro Antonio Venusti prepara il *Compendio utilissimo di quelle cose le quali a christiani mercanti appartengono* (Milano 1561). L'«economica cristiana» ribattezza la «roba» e mammona, in una spericolata e avventurosa «nuova sintesi», nel nome della «regola» della famiglia e della «disciplina domestica», la nuova etichetta che, segno dei tempi, sostituisce l'antica «economica» senofontea o l'albertiano «governo»: il patriarcato mercantile si trasforma (anche linguisticamente) nella regolata, disciplinata e devota «economica cristiana» la quale ribadisce l'attualità di un piccolo mondo domestico rifondato sopra una disciplina derivata dal modello santo del monastero, dall'austera *regula* dell'ordine monastico, nel quale l'abate (come il padre) regnava, monarca assoluto, sulla comunità, vicario temporale dell'eterno Padre.

Nel nuovo ordine perseguito dalla Chiesa, nel «mondo nuovo» progettato dai suoi intellettuali di punta, anche la marginalità diventa territorio di missione. Vagabondi, straccioni, pezzenti se riconosciuti non «mali», oziosi e «libertini», ma «pauperes fideles et boni», «poveri della scuola di Cristo», entrano nella rete degli ospedali generali, degli ospizi, dei conservatorii, delle «opere dei mendicanti».

Anche il soldato viene seguito con attenzione dall'occhio onnisciente e onnipresente dell'organizzazione ecclesiale. Il passaggio dalla «compagnia» o banda medievale all'esercito di tipo «moderno», organizzato e regolato, attira l'interesse della Chiesa, sempre sensibile agli organismi di massa, attenta alle trasformazioni delle strutture militari e dell'arte della guerra, alla moltiplicazione delle armi o dei militari. Il gesuita Antonio Possevino prepara *Il soldato christiano con l'instruttione dei capi dello essercito catolico* (Roma 1569), un manuale di devozione militare secondo cui il professionista dei saccheggi, degli stupri, degli eccidi durante le marce o il servizio di sentinella doveva recitare devotamente il rosario, mentre per il rimanente della giornata e parte della sera gli s'imponeva di biascicare una girandola di *Ave, Pater, Gloria, Miserere, Credo, Confiteor, De Profundis* (con la variante delle litanie) secondo una ferrea disciplina canonico-militare. La lettura della dottrina cristiana di padre Ledesma, e di qualche buon libretto come la *Guida dei peccatori* (oltre agli «avvertimenti per discerner dagli cattolici gl'eretici») avrebbe dovuto completare l'opera di formazione del buon soldato cattolico.

Se le istruzioni del Possevino rientrano nel grande progetto di ricristianizzazione di tutte le professioni (anche di quelle meno nobili, superando l'antica distinzione medievale fra mestieri leciti e illeciti, benedetti e maledetti), Francesco Panigarola, nato nella «feroce Lombardia», padre francescano responsabile della diocesi di Asti, dedica a Carlo Emanuele, duca di Savoia, lo *Specchio di guerra* (Venezia 1595, poi Milano 1604), un'opera nella quale la Bibbia viene presentata nella veste di *Liber bellorum Domini*, come un grandioso, classico trattato dell'arte della guerra, da cui il buon soldato cristiano avrebbe potuto estrarre collaudati consigli militari, tattiche astute, ingegnose manovre di distruzione, perfezionando la professionalità guerriera, soddisfacendo (la deduzione è nostra) la sua vocazione omicida e la sua vena sanguinaria.

Che fosse proprio un lontano discepolo del mite fraticello d'Assisi a trasformare il «Libro» in un *enchiridion* di distruzione e d'annientamento del prossimo era segno non solo dello spirito autoritario di sopraffazione e dell'aggressività propri dell'età dell'assolutismo che avevano contaminato anche gli uomini di Dio, ma anche della bi-

valente chiave di lettura delle opere sacre, della sopravvivenza dell'idea latente del dio generatore e distruttore,
gigante celeste che nella figurazione del sole creatore-
omicida trovava l'esatta immagine speculare. Tutti i luoghi della Sacra Scrittura che potessero servire «a precetto o ad essempio militare» vengono accuratamente esposti, tradotti e commentati in chiave strettamente tecnico-
militaresca.

> In somma, Serenissimo Signore, io non ad altro che al sopradetto
> fine tutti quei luoghi piú principali delle Scritture sacre ho posti in-
> sieme, i quali a militari cose possono servire fino al numero di 260...
> Mio pensiero è stato di formare quasi un modello, e dare un poco di
> mostra a soldati, come ciascuno di loro, da ciascuno de' luoghi sia
> per poter cavare militari considerazioni [21].

Il sacro e il sangue, in un sistema religioso eretto sopra
l'immagine terrifica, veterotestamentaria, di un Dio Padre della tentazione, ancora una volta venivano a coincidere perfettamente.

La svolta culturale e il mutamento sociale ancor piú che
nei protagonisti emergenti della società santa e disciplinata, nel personaggio del vescovo, ad esempio, coordinatore
e promotore primario di servizi spirituali e culturali (*Il vescovo. Opera etica, politica, sacra* di Alessandro Sperelli [22]
ribadisce solennemente la prestigiosa autorità dell'antico
episcopus in chiave trionfalistica), si percepiscono nitida-
mente nell'opera di riconversione del parroco (special-

---

[21] Cito dall'edizione milanese del 1604, appresso Girolamo Bordone e Pietro-
martire Locarni compagni, c. 3*v* della dedica. Cfr. anche del matematico e religioso fiorentino Gio. Franc. Fiammelli, *Il Principe christiano guerriero*, Zanetti, Roma 1602.
[22] Gio. Battista e Giuseppe Corvo, Roma 1655.

mente quello di campagna e di montagna), nello sforzo di ripulire il curato da ogni scoria non ortodossa e soprattutto non canonica, nella ricerca d'un inedito volto religioso e sociale, d'un diverso rapporto con Dio. Per lunghi secoli il pievano era vissuto in stretta familiarità con la comunità di cui faceva parte: come tutti gli altri era solito andare al ballo, frequentare le taverne; egli usciva di notte, organizzava commedie, farse, musiche, serenate, giuochi d'ogni genere; intrecciava multiformi commerci, portava armi, anelli, parrucche; vestiva in modo irregolare e disinvolto, eccedeva in familiarità con le donne, mostrava una sconcertante confidenza con le formule liturgiche, rissava, rideva, bestemmiava in chiesa come alla bettola, si mascherava e si faceva promotore di carnevalate e di burle. In un processo del 1580 contro il curato di Sabbio, nel Bresciano, un testimone depone d'averlo visto piú volte mascherato e che

una sera... [vidi] venire lui con alcuni altri coperti di lenzuoli come sogliono i mascheri et havendo seco alcuni sonatori andavano cosí per la terra di notte et di segno mi fecero correre per paura [23].

Questo curato mascherato vagante come una nottola, che – leggiamo negli atti del processo – veniva chiamato a liberare le mogli dal maleficio di non potere usare carnalmente col marito; e che per sovrappiú era solito tenere «mercantie di peccore et di lana», rappresenta nel modo piú realistico la figura del pievano d'*ancien régime*, legato con mille nodi alla realtà popolare del suo villaggio, molto piú vicino alla cultura folclorica che a quella elaborata dalla curia e dalla città, remota e spesso ostile.

[23] Archivio Vescovile di Brescia, vP8, f. 139.

Operatore misto di cultura ecclesiale e di sapienza popolare, scaltro intermediario e volpino sensale di cose sacre e profane, recita la parte del mago e dell'esorcista con la stessa disinvolta abilità che, al momento opportuno, lo porta a movimentare con balli, musiche, canzoni e mascherate le notti opache del paese addormentato.

I continui richiami alla sacralità del sacerdozio, alla compostezza formale, al riserbo sociale, alla correttezza dei costumi, alla disciplina, si ripetono con monotona frequenza nelle costituzioni sinodali e nelle istruzioni pastorali fin oltre la metà del XVIII secolo. Le misure coercitive della Chiesa post-tridentina cercano di modificare la *facies* sociale e religiosa di sacerdoti troppo nazional-popolari, troppo integrati col loro gruppo o gregge, troppo organici al loro popolo; mirano a limitarne, spesso condannando e punendo i loro «vitii» e i loro «abusi», quelle devianze e quei «pregiudizi», una buona parte dei quali erano esattamente gli stessi che dalla Chiesa Alta venivano rinfacciati ai villani. La strategia ecclesiastica puntava alla nascita di un prete diverso, separato dalla comunità dei fedeli da una cortina di austera e gelida rispettabilità sacerdotale, appartato e isolato dal mondo e dagli eccessi fascinosi e perversi dei comuni mortali e dei poveri cristi. Allontanandosi a poco a poco dalla comunità, il parroco diventa lentamente il perno d'un sistema di controllo segreto, di sorveglianza traslata, di correzione riflessa: la parrocchia si trasforma in un centro di controllo sociale e di trasmissione di modelli culturali programmati altrove, rivolti a liquidare tutto ciò che i predicatori tardo-barocchi e del Settecento bollavano come «reliquie d'idolatria», «avanzi di gentilesimo», «culto inordinario e vizioso».

A mano a mano che l'età moderna avanza, si fanno sempre piú rare le performances extraliturgiche e le processioni carnevalesche organizzate, interpretate e «gestite» direttamente dal clero. Nel 1611 il governatore di Sestola si sentiva in dovere d'informare il duca di Modena d'un episodio, per lui sospetto, accaduto nell'alto Frignano, chiedendogli se riteneva opportuno denunciare il fatto all'Inquisizione.

> Havendo inteso – scrive nella lettera spedita a Modena – che questi giorni di carnevale passato fu un bello humore di un che si messe in habito da vescovo con la mitria in testa et bastone pastorale in mano, andando con buona truppa di mascherati seco, che gli facevano coda, et cavalcando sopra un asino, andava dagando la benedizione alle genti della festa, ho mandato per scoprire chi fosse, et mi vien refferto ch'era un prete, come anco erano preti quei altri che avea seco, salvo un solo che è soggetto a questo ufficio. E perché mi pare che questo fatto sappi dell'Inquisitione, non ho voluto porci mano senza avvisarne prima V.A. Ser⟨enissima⟩ [24].

Questa povera carnevalata di preti di montagna che, come tutte le rappresentazioni extraliturgiche, esprime in linguaggio riflesso e simbolico non solo un diverso rapporto col sacro ma anche una nascosta tensione all'interno dei vari gradi dell'organizzazione ecclesiastica e un latente malessere corporativo, diventa motivo di grave preoccupazione per un funzionario dell'establishment politico. Non ci è pervenuta la risposta del duca di Modena, ma è

---

[24] A. Sorbelli, *Il comune rurale dell'Appennino emiliano nei secoli XIV e XV*, Zanichelli, Bologna 1910, p. 356. Per la persistenza di molte inadempienze (anche liturgiche) fra il basso clero nei secoli XVII e XVIII cfr., dello scrivente, *La casa dell'eternità*, Garzanti, Milano 1987, pp. 205-6 e pp. 235-40.

indubbio che il giro di vite controriformistico stava contribuendo a scavare un solco sempre piú profondo fra la piccola e la grande tradizione che si allontanava velocemente dalle forme della cultura folclorica, ormai pesantemente segnata dal marchio negativo e demonizzante impresso sui suoi «superstiziosi costumi», sulla sue «vane osservanze», sui suoi «diabolici rimedi».

Il basso clero ha per molti secoli svolto il ruolo insostituibile di cinghia di trasmissione della cultura popolare: attraverso la rete capillare delle pievi (nell'italiano antico «popolano» coincideva con «parrocchiano») la coesistenza fra vecchio e nuovo, paganesimo e cristianesimo, profano e sacro, oralità e scrittura, la bivalenza fra vita e morte, rinascita e ritorno, s'incarnavano nella stessa sanguigna persona deputata ai grandi riti di passaggio della comunità (nascita, matrimonio, morte), alle cerimonie calendariali, alle rogazioni, alle immobili feste solstiziali e a quelle variabili, legate al calendario lunare e ai cicli cosmici, come la mobile Pasqua.

Il parroco-buffone doveva esprimere la gioia della Resurrezione (al momento opportuno, canonicamente fissato) con la professionalità dell'istrione. A lui spettava di calarsi nel realismo popolare del *risus paschalis*, adeguandosi al gusto comico-caricaturale degli spettatori, al naturalismo sordido della cultura agraria. Suo era il compito di rappresentare con istrionica efficacia lo scardinamento dell'ordine cosmico durante la latenza del Dio morto del quale (senza saperlo) propiziava magicamente la rinascita con l'esorcismo primordiale del riso fecondatore. A lui toccava creare il tempo dell'attesa insieme alla raffigurazione simbolica dell'ordine rotto e rovesciato, della disarmonia cosmica, esprimendoli con la musica dissonante e parodistica della scarabattola (lo *charivari* sacro) nel periodo in cui le campane (i «sacri bronzi») tacevano; e mimare la contromessa del venerdí santo, la messa-spettacolo detta popolarmente «messa matta», che trasformava l'area del sacrificio di Cristo in teatro buffonesco nel quale la parola oscena tradiva la sua derivazione da riti di fertilità vegetale. Erano questi parroci a costituire l'altra faccia di quell'«Italia sacra», anonima e senza volto, i cui nomi inutilmente si cercherebbero nella *Hierarchia catholica*, nella *Nomenklatura* in cui furono imbalsamati i personaggi d'autorità, i prelati le cui *res gestae* dovevano esser sottratte al «tempo edace». Quasi tutti i nomi di questi mediatori culturali, infaticabili animatori della drammatica «bassa», sono stati cancellati dall'azione congiunta dei secoli, dall'irreversibile mutamento sociale, dall'omissione volontaria della Chiesa Alta.

Ci restano le *Facezie* del piovano Arlotto: troppo poco per la ricostruzione di un personaggio cosí sfaccettato come quello del prete-giullare, del prevosto stolto-sapiente, nella cui tomba giace polverizzata tanta parte della storia «minore» della Chiesa, tanta parte della cultura popolare italiana.

IV

Buffoneria sacra e profana

La difficoltà di mettere in luce le interazioni fra la cultura dei molti e quella elitaria, i punti d'incontro e i livelli di scambio fra l'orale e lo scritto, i momenti non di consegna di elementi decaduti e di materiali di seconda mano o di scarto, ma quello dell'incontro non meccanico fra l'oralità e la scrittura, superando magari la «tirannia della grammatica» (Eric A. Havelock) della tradizione orale, magmatica, conservativa, omogeneizzante e in definitiva la ricerca di un linguaggio ponte, strumento di reciproca conoscenza, risale ben addietro nel tempo. Si può forse piú facilmente ricostruire la portata della distanza fra le due tradizioni, la diversità del codice linguistico e delle strutture mentali, la prevalenza ad esempio dell'astratto sul concreto, del mitico sull'empirico, esaminando con quali modi di penetrazione e con quali tecniche di persuasione gli evangelizzatori delle campagne tentarono di incunearsi in un ambiente diffidente, refrattario e ostile, nel tentativo d'inserirvi un messaggio nato in una cultura diversa e diffusosi successivamente in aree urbane: ciò comportava difficoltà superabili soltanto con l'invenzione di tecniche suasorie, atte a penetrare nelle strutture mentali ed emotive delle masse agricole.

«Animae nostrae cura – tentava di spiegare Cesario

d'Arles –, fratres carissimi, maxime terrenae culturae si-
milis est»[1], insistendo sul fondamentale parallelismo fra
la cura dell'anima e la cura (coltivazione e al tempo stesso
culto) della terra. Gli evangelizzatori delle campagne cer-
cavano di adattare il linguaggio e le immagini della nuova
Chiesa alle strutture intellettuali ed emotive degli uomini
dei campi, tentando d'inserirsi fra gli spazi vuoti della loro ottica mentale, servendosi di similitudini triviali quasi
iperrealistiche e finendo persino con l'identificarsi nella
bestia piú vicina ai contadini, la vacca.

> Sacerdotes enim in ecclesia similitudinem videntur habere vac-
> carum; christiani vero populi typum praeferunt vitulorum...[2].

La «similitudine della vacca» è un esempio del *sermo
humilis* adoperato dagli evangelizzatori per penetrare nei
gangli piú delicati della sensibilità contadina, cercando
d'inserirvi qualche frammento del messaggio cristiano e
per operare la *désaffectation* della vecchia religione con
immagini «alla portata di animi piú semplici e per cosí dire piú inclinati ad aspetti materiali del culto»[3]. La medesi-
ma similitudine si ramifica poi grottescamente nello stesso sermone nella figura di un sacerdote-vacca, in un confuso e aggrovigliato accavallamento di calde poppe (reali
ed allegoriche) e di teneri vitelli:

> Non incongrue, fratres carissimi, sacerdotes vaccarum similitu-
> dinem habere videntur: sicut enim vacca duo ubera habet, ex qui-
> bus nutriat vitulum suum, ita et sacerdotes de duobus uberibus, sci-

---

[1] Césaire d'Arles, *Sermons au peuple*, cit., vol. I, p. 324.
[2] *Ibid.*, p. 298.
[3] G. P. Bognetti, «*Loca Sanctorum*» *e storia della Chiesa nel regno dei Longo-
bardi*, in *Agiografia altomedievale*, a cura di S. Boesch Gajano, il Mulino, Bologna
1976, p. III.

licet veteris et novi testamenti, debent pascere populum christia-
num. Considerate tamen, fratres, et videte quia carnales vaccae non
solum ipsae ad suos vitulos veniunt, sed etiam vituli sui eis obviam
currunt... [4].

Queste voci lontane nel tempo possono servire a son-
dare i dislivelli culturali fra i ceti subalterni non urbani del
v-vi secolo dell'èra cristiana, a saggiare le profonde distanze intercorrenti fra il centro e la periferia, fra le campagne e le città, fra la chiesa e la *domus rustica*, fra evangelizzatori e agricoltori, già sul punto di essere relegati nella
infamante condizione di «villani».

Ma nel terzo decennio del xviii secolo, Francesco
Saverio Guicciardi, vescovo di Cesena, indirizzandosi ai
predicatori che avevano come ascoltatori gli «uomini di
villa», raccomandava di usare nelle loro prediche

similitudini... cavate all'agricoltura, dagli animali, dagli alberi, dalli
campi, vigne, grano e simili cose naturali, che per imprimere l'eter-
na verità nelle rozze menti di simil gente, hanno virtú ed efficacia
molto maggiori delle ragioni teologiche e degli altri motivi superiori
alle loro capacità [5].

Lo scarto linguistico-ideologico (non è lecito dire «intellettuale») si protrae come si vede per tempi quasi geologici. Nel Trecento Giovanni Boccaccio aveva ridicoliz-
zato la parlata dei contadini toscani riempiendola di as-
surdi spropositi desemantizzati, di ridicoli equivoci verbali; nel Settecento un arciprete della collina forlivese de-
nuncerà fraintendimenti semantici tanto mostruosi in materia di cose religiose da far dubitare che il «messaggio»

    [4] Césaire d'Arles, *Sermons au peuple* cit., vol. I, p. 300.
    [5] *Decreti, istruzioni, ed esortazioni per li parochi, confessori, e predicatori della
città e diocesi di Cesena*, Aldobrando Faberi, Cesena 1722, p. 258.

cristiano fosse stato in qualche modo recepito. Se le distanze permangono abissali, il rigetto non può essere spiegato solo con ragioni di mancato approfondimento linguistico. La *parole* cristiana continuava a rimanere abbondantemente estranea alla *langue* contadina.

Il dialogo di Bentivegna del Mazzo col prete di Varlungo è un campione non trascurabile della difficile comunicazione linguistica fra strati sociali diversi:

> Gnaffé, sere, in buona verità io vo infino a città per alcuna mia vicenda [faccenda] e porto queste cose a ser Bonaccorsi da Ginestreto, che m'aiuti di non so che m'ha fatto richiedere per una comparigione del parentorio [perentorio] per lo pericolator [procuratore] suo il giudice del dificio [maleficio] [6].

Le storpiature di Bentivegna – a parte l'effetto comico ricavatone da Boccaccio e la sufficienza tutta cittadina, mercantile e borghese usata nel tratteggiare le figure dei contadini secondo il logoro stereotipo della satira antivillanesca – ribadiscono anche le profonde differenze fra due codici linguistici che persisteranno ancora per non pochi secoli.

Non abbiamo però notizie precise sulla cultura del clero extraurbano il quale, mal preparato, rozzo e ignorante, finiva col subire, in un processo di progressiva deculturazione, tramandatoci da molte fonti, l'influenza della cultura folclorica alla quale – almeno fino alla metà del XVI secolo – non aveva validi strumenti da contrapporre. Le figure di preti che con i villani riddano intorno ai fuochi di San Giovanni erano usuali ai tempi di san Bonifacio; sacerdoti che dimenticano l'elementare computo pasquale

---

[6] *Decameron* VIII 2.

o addirittura perdono la nozione del tempo, fino a non saper piú distinguere fra giorni festivi e giorni feriali, fanno
parte della novellistica sia dotta (il *Liber facetiarum* di
Poggio Bracciolini, a esempio), sia – e ciò è profondamente rivelatore – della stessa novellistica folclorica, ancora
oggi tramandata oralmente da raccontatrici della campagna emiliana (Reggio, Carpi).

Le storpiature verbali, come quelle del villano toscano
del Trecento, si moltiplicavano in altre aree di diversa ra-
dice linguistica come quella romagnola dando luogo a incredibili fraintendimenti: all'inizio del XVIII secolo un
colto arciprete di Dovadola (aveva studiato a Padova), re-
digendo un manuale per i parroci di campagna, «avertite
– scriveva – che per lo piú dicono *usura* invece di *lussuria*... Avertite che non pochi dicono *carestia* [invece di Eu-
carestia]»[7]. Il lessico della «gente rozza» di campagna
non conosceva vocaboli astratti né latinismi né termini
d'una liturgia pressoché incomprensibile. Piú che ovvi
perciò appaiono gli avvertimenti ai parroci di campagna
di non usare mai il latino nelle loro prediche, «perché
questo parlare agli ignoranti non solo è superfluo ma no-
civo, generando maggior confusione nella tenebrosa lor
mente»[8].

In realtà da almeno tre secoli i predicatori sacri che si
rivolgevano alla gente «meccanica et idiota» avevano ten-
tato di risolvere il grave impedimento esprimendosi in
una lingua ibrida, cercando di comunicare con gli ascolta-

---

[7] G. Paganelli, *Il novello parroco rurale overo esercizio parrochiale da potersi
praticare da quello nelle domeniche e feste di precetto. Proposto dall'arciprete G. P.
nobile di Ravenna*, Tip. de' Fasti, Forlí 1711, p. 143.

[8] *Ibid.*, p. 145.

tori in un mescidato esperanto sfaccettato da singolari effetti speciali di tipo meccanico.

«Nescit predicare qui nescit barletare», si era soliti dire a indicare uno stile «promozionale» e una spericolata utilizzazione d'uno strumento linguistico, clericale e popolare allo stesso tempo, comprensibile a larghi strati d'ascoltatori.

Il domenicano Gabriele Barletta, aquinate, attivo nella seconda metà del Quattrocento, s'avvalse (fra gli altri) di questo singolare strumento linguistico con l'abituale spregiudicatezza dei grandi organismi colonizzatori, delle loro complesse e articolate strategie di evangelizzazione.

> Essendo hora – cosí iniziava il suo *Testamentum* che chiudeva il ciclo delle prediche quaresimali, il periodo della severa astinenza e della purificazione collettiva – fratres mei, cum adiutorio nostri Dei parva barcheta mei ingenii pervenuta ad portum et finem nostrarum praedicationum in hac quadragesima, video esse necessarium ad praemittendam excusationem vestris humanitatibus, imperoché deficit memoria... Sed quia ego sum substantia terrena mea professione privus, et essendo obligo mio erga vos grande, visum est in recognitionem eorum facere sicut solent facere boni patres spirituales filiis spiritualibus: linquere cuilibet vestrum aliquod documentum in memoriam meam[9].

Linguaggio a parte, è singolare osservare come questo predicatore domenicano utilizzasse – investendoli di nuove funzioni di segno opposto – antichi e collaudati schemi popolari come il testamento carnevalesco per affascinare con piú sottili e mordenti strumenti l'attenzione della folla. Il suo *Testamentum* infatti è costruito con la stessa tec-

---

[9] *Sermones reverend. patris ac divini Verbi declamatoris consumatissimi fratris Gabrielis Barletae*... Somaschi, Venezia 1571, vol. II, p. 217.

nica di quello folclorico, ne possiede la stessa circolarità
nel ventaglio dei legati e dei benefici distribuiti generosa-
mente a tutti i ceti e a tutte le categorie sociali: ai gover-
nanti la giustizia, la clemenza, la saggezza; ai vecchi la prudenza, la sobrietà, l'esemplarità; ai giovani la virtú, l'one-
stà, il pensiero della morte; ai genitori l'educazione, la
correttezza, l'istruzione; ai figli il rispetto, l'obbedienza,
l'affetto; ai poveri la povertà, la rassegnazione, la speran-
za; alle vergini il disprezzo del mondo, le pratiche decenti,
il sacrificio della carne; alle vedove la castità, l'orazione, la
devozione... Segno inequivocabile della profonda forza
d'attrazione e di suggestione delle feste agrarie e dei loro
rituali d'espulsione del male, le cui persistenti influenze
continuavano a condizionare la voce degli «uomini di
Dio», prestando strutture che, ripulite d'ogni sfera satiri-
ca – venuto ovviamente a mancare quel controllo dal basso che costituiva il nerbo della *satura* popolare – e d'ogni
sottofondo inerente al sociale e al politico, erano riutiliz-
zate nella prospettiva della politica culturale della nuova
Chiesa cattolica. Uno dei momenti piú «sacri» e «solenni» del Carnevale, infatti, viene reinterpretato *ad maio-
rem Dei gloriam*: quello in cui (pur nel travestimento comico) affiorava l'antico rito della confessione collettiva e
della susseguente purificazione della *communitas* attraverso il sacrificio dell'animale capostipite che lasciava in
legato i brandelli della sua carne.

Nella cultura popolare medievale il testamento satirico
costituisce un punto focale di grande importanza, sia nelle versioni scritte che in quelle orali: esso è al tempo stesso
parodia dei lasciti dei possidenti, degli stereotipi notarili,
del linguaggio burocraticamente tragico che sottolinea il

dramma del distacco del ricco dai suoi averi; satira popolare esercitata dai ceti non possidenti nei confronti del «contratto d'assicurazione concluso fra il testatore e la chiesa, vicaria di Dio» [10], del «passaporto per il cielo... che garantiva i legami dell'eternità, e i [cui] premi erano pagati in moneta temporale: i lasciti pii...» [11]. Ma il testamento era sentito anche come sberleffo e sfida alla morte oltre che vissuto socialmente in chiave di satira della morte del ricco. La cultura popolare refrattaria alla teorizzazione mercantile del tempo-danaro, lontana necessariamente dal problema della «massarizia» e dell'accumulazione, viveva un tempo di morte diverso da quello del mercante («tragico» perché singolo e individuale), consapevole del grande giuoco a staffetta fra i giovani e i vecchi, fra una generazione e l'altra, nel panorama immutabile dell'alternanza fra morte e vita (come le lunazioni e le stagioni), forte di una sapienza naturalistica in cui il singolo si sentiva appartenente al gran corpo sociale e alle sue inesorabili leggi. L'affannoso tempo storico e lineare del mercante misurato sui ritmi della partita doppia, dei tassi d'interesse e dell'investimento produttivo non era il tempo dei contadini, serpentino, ciclico, ritmato dalle stagioni, dai soli e dalle lune.

Nella letteratura popolar-carnevalesca il danaro non esiste: o è rigorosamente bandito, o viene consumato («strusciato») immediatamente, in una zampillante prospettiva di gioioso, perenne spreco, in guerra con l'etica

[10] P. Ariès, *Storia della morte in Occidente, dal Medioevo ai nostri giorni*, Rizzoli, Milano 1978, p. 94.
[11] *Ibid.* La frase «passaporto per il cielo» è tolta da J. Le Goff, *La civilisation de l'Occident médiéval*, Arthaud, Paris 1964, p. 240.

dell'accumulo, della «massarizia» e della «robba», per soddisfare le esigenze primarie del corpo, piú che quelle dello spirito. Il povero coniuga i verbi al presente, non conosce le lusinghe ingannevoli del futuro, contrariamente al ricco che costruisce strategie nel tempo tracciando precari piani e ipotetiche prospettive. Uno strano senso d'ironia nei confronti del futuro scorre attraverso la letteratura carnevalesca; in essa la paura di ciò che accadrà sembra essersi dileguata, perché il tempo è percepito come segnale di movimento apparente e di sostanziale invarianza in una società statica che si accontenta di attendere, in un mondo dove le cose che sono successe succederanno ancora:

> Però tutto il mio sperare
> è fundato in sul presente
> che 'l futuro è solamente
> per chi sa d'astrologia [12].

Il dio dell'eterno ritorno si offriva in garanzia contro il definitivo annullamento o contro la sopravvivenza – a suo modo atroce – della religione cristiana. I trapassati, ombre paurose e insieme consolanti, tornavano sulla terra; le anime (di numero non illimitato, come limitati erano i beni materiali della società preindustriale) ritornavano a incarnarsi in altri corpi trasmigrando in un ciclo continuo di morte apparente e di vita rivissuta, in un interminabile moto pendolare che portava da un *exitus* a un *reditus* e viceversa.

È stata la religione agraria con la sua liturgia carnevalesca a dare un'impronta duratura alla cultura popolare, in-

---

[12] Faustino da Tredozio, *Barzelletta della malinconia* cit., p. 301.

teressando anche tutte le articolazioni inerenti alla sfera della parola, dell'espressività e della comunicazione.

La cultura inferiore, nata nella fame, proprio per questo è vitalistica, vorace, a suo modo ottimistica, legata al ventre e al corporale, fedele al ritmo fisiologico. È cultura essenzialmente comica, sfaccettata nelle varianti del grottesco, del caricaturale, del contraffatto, del deformato, attiva sia nell'area narrativa che in quella delle numerose forme teatrali: testimonianza delle remote origini agrarie del dramma, connesso con il rituale delle fertilità e perciò del riso, da cui discende anche la vetusta funzione della censura collettiva e della satira sociale svolta dal teatro popolare. Funzione di controllo dal basso, dal *panopticon* collettivo della comunità, còlta nella sua esatta portata anche da uno dei massimi analisti del «giocoso» secentesco, Nicola Villani, alias Accademico Aldeano:

> Nella sua infanzia [la commedia antica ateniese], che fu al tempo del governo popolare, cattava ella il riso in ogni mala maniera, con iscede e con facezie d'ogni sorte, o di sale o di acerbità che fussero elle condite e con tutto il soggetto eziamdio ridicolo. Però che il popolo attentamente e volentieri ascoltava i biasimi de' giudici e de' rettori e de' vicini malvagi, sperando che vedendosi quegli tradurre e vituperare cosí apertamente, dovessero rimanersi della ingiuria e della tracotanza loro, con grandissima utilità delle cose publiche e dell'istesso popolo [13].

In questa dimensione comunitaria vive e agisce la vitalissima forza del comico popolare, il «comico basso» che di necessità scivola nel *gros comique*: esso è mutuato dallo spirito della festa collettiva, della parata dei folli, delle

[13] *Ragionamento dello Academico Aldeano sopra la poesia giocosa de' Greci, de' Latini, e de' Toscani...*, G. P. Pinelli, Venezia 1634, p. 8.

grandi processioni a sfondo fallico e riproduttivo; comico arcaico che verrà detronizzato dall'*haut comique* della commedia non popolare, la quale fatalmente si colora di serio e di pensoso.

La cultura aristocratica, invece, non nasce dalla festa propiziatoria, dalla liturgia apotropaica del riso e dell'osceno. Suo è il genere tragico, suo il cupo senso della morte. La maledizione dell'eroe appartiene al suo repertorio. Il comico basso, al contrario, si riconosce nella farsa che

> fait rire, d'un rire franc et populaire; elle use, à cet effet, des moyens éprouvés que chacun varie à sa guise et selon sa verve; personnages typiques, masques grotesques, clowneries, mimiques, grimaces, lazzis, calembours, tout un gros comique de situations, de gestes et de mots, dans une tonalité copieusement scatologique ou obscène. Les sentiments sont élémentaires, l'intrigue bâtie à la diable: gaieté et mouvement emportent tout [14].

I protagonisti del teatro popolare, cosí radicato nello spirito delle folle d'*ancien régime*, cui si aprivano le corti e i palazzi (la distinzione fra comici e commedianti è piuttosto tarda), appartenevano a quella «familia diaboli» in cui venne confinata la «scientia ludorum», la cultura comica e i suoi operatori. Sempre demonizzata e riprovata, colpita da interdizioni, divieti, minacce di canonisti e teologi, la «gran compagnia degli scacciati» [15] passava trionfalmente dalle curie alle bettole, dai castelli alle fiere, ponte culturale fra due sfere che, apparentemente estranee, si

---

[14] C. Mauron, *Psychocritique du genre comique*, Corti, Paris 1964, pp. 35-36.
[15] *I sonetti del Pistoia giusta l'apografo trivulziano*, a cura di R. Renier, Loescher, Torino 1888, p. 72, v. 14.

riconoscevano entrambe nel momento esorcistico del comico, nella terapia magico-revulsiva del riso liberatore
dagli «umori peccanti», dalla «malinconia», dalla solitu-
dine, fosse essa individuale o di casta.

Scurrae vagi (giullari vaganti), *bigerai* (istrioni e «uomini di corte»), *bufos* (buffoni), *arioli* (indovini), tutti uomi-
ni-spettacolo, ma anche donne, *joculatrices* o *zuglaressae*
(giullaresse), *menestriere* (cantatrici), *saltatrices* solite –
notavano i *clerici*, gli ecclesiastici delle *scolae* – ad abban-
donarsi a «turpes... ludos» [16], considerate alla stregua di
meretrici. Giocolieri e ammaestratori di orsi, menestrelli
che un osservatore del 1227 non distingueva chiaramente
dai funamboli e da gente consimile:

> Et illi qui dicuntur ministelli, in spectaculo vanitatis multa ibi fe-
> cerunt, sicut ille, qui in equo super cordam in aere equitavit, et sicut
> illi, qui duos boves de scarlato vestitos equitabant, cornicantes ad
> singula fercula, quae apponebantur regi in mensa [17].

Corti regie e corti ecclesiastiche venivano entrambe af-
fascinate da questo torrente di «vanitates», dalla «gesti-
culatio» mimica e deformante, dalla «garrulitas» demen-
ziale (il buffone coincide col «matto», un particolare tipo
di diverso dotato di poteri straordinari, un escluso-privi-
legiato), dal movimento disordinato e sconcertante, dalla
fisicità e dalla dimensione corporale accettata con liberatoria ilarità anche nelle sue forme piú basse. Giovanni di
Salisbury verso la metà del XII secolo descriveva, rattrista-
to e indignato (non sapremo mai se la sua «indignatio»
fosse vera o simulata, un pretesto per esibirsi in un *tòpos*

[16] Faral, *Les jongleurs* cit., p. 274.
[17] *Ibid.*, p. 310.

retorico), le infernali pantomime degli umili comici, la
tresca furiosa degli istrioni peteggianti davanti ai potenti:

> Admissa sunt ergo spectacula et infinita tirocinia vanitatis...
> Hinc mimi, salii vel saliatores, balatrones, emiliani, gladiatores, pa-
> lestritae, gignadii, praestigiatores, malefici quoque multi, et tota io-
> culatorum scena procedit. Quorum adeo error invaluit, ut a praecla-
> ris dominibus non arceantur, etiam illi qui obscenis partibus corpo-
> ris, oculis omnium eam ingerunt turpitudinem, quam erubescat vi-
> dere vel cinicus. Quodque magis mirere, nec tum eiciuntur, quando
> tumultuantes inferius crebo sonitu aerem fedant, et turpiter inclu-
> sum, turpius produnt [18].

Gente siffatta poteva sembrare piú vicina al mondo dei
mostri che a quello degli uomini. «Vitia naturae», aber-
ranti parti di una creazione impazzita, marionette mano-
vrate da una sorta capricciosa e criminale, mendicanti e
ciarlatani, storpi e istrioni, ciechi e mimi formavano tutti
insieme una grande armata di miserabili e d'«infami».

> Personae viles ignobiles et abiectae – secondo il chierico Cuon-
> radus cantore della chiesa di Zurigo, autore nella seconda metà del
> XIII secolo di una *Summa de arte prosandi* – que titulo carent nomi-
> nis et honoris, quos natura taliter abiecit seu debilitavit, fortuna tali-
> ter vilificavit seu humiliavit, exigentia criminis admissi in corpore
> taliter deformavit, evidentia turpis et infamis vite taliter maculavit
> diffamavitque, quod ydonei non sunt ut inter probos et bonos eo-
> rum mentio habeatur: ut sunt debiles, claudi, ceci, hystriones, am-
> bubaiarum collegia, pharmacopole, mendici, mimi, balatrones [19].

Di fronte a questa caterva di figli della malizia e delle
stelle venefiche le porte delle corti principesche si spalan-

---

[18] Ioannis Saresberiensis Episcopi Carnotensis, *Policratici sive de nugis curia-
lium et vestigiis philosophorum libri VIII*, a cura di C. I. Webb, Oxonii 1909 (ristampa Frankfurt am Main 1965), vol. I, pp. 47-48.

[19] Faral, *Les jongleurs* cit., p. 323.

cavano. Accorrevano a frotte come mosche attirate dal
miele. Calavano come avvoltoi sopra carogne putrefatte le
turbe della miseria e del vizio, mescolate a puttane e a eretici, ad apostati e a traditori. Ribaldi e musicanti, buffoni e
ciarlatani, suonatori e istrioni, parassiti e ammalati si tro-
vavano sulla stessa strada confusi nel tumultuoso pellegrinaggio al palazzo dei grandi. L'ospedale e la corte dei miracoli sciamavano, insieme ai giullari, verso il miraggio
della mensa imbandita:

> ...ex omni natione, professione, conditione que sub celo est ad cu-
> rias principum confluunt et concurrunt, velut vultures ad cadaver,
> et velut musce sequentes unguenti suavitatem, scilicet pauperes, de-
> biles, ceci, claudi, manci, loripedes, vel alias corpore deformati, ka-
> lones, joculatores, saltatores, fidicines, tibicines, lyricines, tubici-
> nes, cornicines, hystriones, gesticulatores, nebulones, parasiti, um-
> bre, mensivagi, scurre, ribaldi, buflardi, adulatores, carciones, pro-
> ditores, traditores, detractatores, susurrones, filii perditionis apo-
> state, lotrice, publice mulieres quasi syrenes usque in exitum dulces.
> Predicti, et alia vilium hominum genera, que longum est explicare,
> sunt quasi pergula vulgaris, vix missura cutem nisi plena cruoris hy-
> rudo[20].

La cultura della povertà sfila quasi al completo in questa variopinta, centonica, allucinante parata dell'«altro
mondo», dei gruppi emarginati: rifiuti umani, ma vitali e
insostituibili, droga benefica che distribuiva riso, vitalità,
salute ai detentori del potere. Il teatro comico aveva imparato dall'amaro labirinto della vita gli artificiosi strata-
gemmi dell'illusione e della fascinazione. La cultura nata
fra le malattie, gli stracci, la fatica, il dolore, l'umiliazione,
la cultura servile degli «infami» e dei «turpi» è, per fatale

[20] *Ibid.*

paradosso, cultura *ridens*, vitalistica, orgiastica, antilirica, antisoggettiva, legata al corpo e alla terra, imbevuta di «pazzia», carnevalesca, del senso del ritornante e del relativo, conscia dell'ineluttabile metamorfosi delle forme. Il nuovo saggio, il buffone o il matto, interprete della realtà occulta, ministro – secondo Erasmo – di verità, incarnazione vivente del paradosso e del mondo rovesciato, voce delirante che esce dall'invisibile, dall'oscuro, dal sotterraneo, legato al mondo dei morti e delle ombre sa che, come la vita è giuoco, cosí anche la morte può essere scherzo e diventare cachinno. Quando per il Mattello, uno dei tanti buffoni dei Gonzaga, venne l'ultimo giorno

> ...scherzò seco la morte
> e nel transito seco un pezzo rise,
> di poi scherzando e ridendo l'uccise [21].

La morte del pazzo o del buffone non presenta aspetti paurosi e lugubri: il «transito» si svolge col ritmo d'un passo di danza fra cachinni, facezie, scherzi; l'assassinio sembra assumere il carattere fatale dell'omicidio rituale al quale ci si presenta preparati secondo la coscienza d'un ordine remoto e ineluttabile, come all'atto finale d'un balletto programmato da tempo immemorabile da un regista (la natura) che ne ha curato l'estrema coreografia.

> La morte, a noi cosí spietata e dura
> solo a pensar, non temono, e non hanno
> de l'inferno o de' diavoli paura [22].

[21] Luzio-Renier, *Buffoni, nani e schiavi dei Gonzaga* cit., p. 635.
[22] A. F. Grazzini (Il Lasca), *Capitolo in lode della pazzia*, in *Rime piacevoli del Borgogna, Ruscelli, Sansovino, Doni, Lasca, Remigio, Anguillara, Sansedonio e d'altri vivaci ingegni*, Grossi, Vicenza 1602, vol. III, c. 103r.

Il buffone, *editio minor* del diavolo, non può temere il mondo «basso», la sua vecchia prenatale dimora. Come agente drammatico egli è il maestro della parodia e del rovesciamento, abilissimo nel contraffare le cerimonie religiose, la messa, i preti, a interpretare durante la festa dei pazzi la figura del vescovo da burla (*episcopellus*), o a scatenarsi in burlesche investiture. «Vestiti cum le orechie», con le orecchie dell'asino, bestia profetica, i buffoni eccellevano nelle parodie delle profezie degli astrologi, recitavano e scrivevano epistole in spropositato latino maccheronico, o stese bizzarramente parte in rima e parte in prosa.

Erano esperti nel compilare lettere nei piú svariati dialetti, nel costruire mescidanze linguistiche di tipo espressionistico e, sulla linea culturale dell'oltraggioso Marcolfo («facie deformis et turpissimus»), costruivano genealogie irriverenti e blasfeme. Polisemico e trasgressore, il buffone esercitava un reale potere a sfondo magico su chi gli viveva accanto, abbastanza simile ai gobbi fra i quali, alto nella sua autorevolezza, il Gobbo di Rialto che, rispondendo a Pasquino, diceva di sé: «Ho il diavol costretto nella gobba. / Son segnato da Dio...»[23]. Ma, piú che alla parola, era al corpo che si affidava quando voleva abolire le distanze, ridimensionare i potenti, sconsacrare autorità e regalità. Zampolo e Taiacalze, davanti al tribu-

---

[23] *Littera et desfida che manda il mordace Pasquino Romano al Gobbo di Rialto. Con la pronta risposta del Gobbo a Pasquino*, Al Segno della Regina, Venezia 1583, in Lommatzsch, *Beiträge zur älteren italienischen Volksdichtung* cit., p. 163.
   Anche il gobbo Tabagnino del folclore bolognese «era furbo come il diavolo» (cfr. *La fola del Gob Tabagnein*, in *Fiabe italiane raccolte e trascritte da Italo Calvino*, Einaudi, Torino 1956, I, p. 184).

nale di Belzebú, si mettono a ballare «mostrandogli le chiappe tutte núe». Bertoldo si presenta al cospetto d'Alboino nella sala regia mostrandogli il «podice». L'improvviso, inaspettato rovesciamento, l'inopinata attuazione d'un classico paradigma di quel mondo alla rovescia sognato nelle allucinazioni degli «infami» e nelle fantasticherie stregonesche, realizzava istantaneamente, nel ribaltamento del cerimoniale, l'antipotere dei deboli e dei servi.

La *rusticitas* linguistica di Cesario d'Arles, il piú grande predicatore popolare della Chiesa antica, il realismo contadino di molti suoi sermoni, si accentuano col passare dei secoli fino a toccare, nei predicatori del tardo Medioevo, punte di autentica *scurrilitas*. Gli operatori del sacro, scivolando sempre piú nella tentazione dell'intreccio dei linguaggi e della corposità realistica della predica cristiana indirizzata agli strati piú umili della società, sembrano avvertire l'incalzare tumultuoso della cultura folclorica, delle prediche carnevalesche, delle esibizioni istrioniche. La convergenza con il modello giullaresco diventa ancor piú evidente: il buffone, demone culturale, angelo nero perseguitato e reificato, contamina sempre piú estesamente l'area del sacro verbo. Inquietante fantasma rimosso d'ufficio con un atto d'imperio, il sacerdote d'antichi culti agrari proibiti, il maestro dell'oscenità rituale, ritorna a soffiare le sue turpi cantilene (del resto mai dimenticate) nelle orecchie degli uomini di Dio, sacerdoti di segno diverso.

In realtà le convergenze formali sono il sintomo linguistico dell'interscambiabilità e dell'ambivalenza intrinseche nel fenomeno religioso, almeno nella veste che aveva preso nella cultura occidentale medievale e nella Chiesa anteriore al Concilio di Trento. Fu questo Concilio a porre fine, con una controrivoluzione culturale vittoriosa, alla Chiesa antica, imponendo il principio, tutto moderno, della separazione fra il sacro e il profano.

Verso l'autunno del medioevo – scrive un'esperta di linguaggi intrecciati – raggiunge il culmine la tendenza al realismo (spesso crudo) e alla mescolanza degli stili, che nelle prediche si manifesta con evidenza particolare. Realismo e mescolanza degli stili sono elementi endemici nella letteratura cristiana... ancora nel '500 i sermoni macaronici offrono un'ottima occasione di verifica. Le caratteristiche della loro lingua evocano immediatamente un precedente del XIII secolo, la *Cronica* di fra Salimbene, con quel suo latino cosí dialettale, eppure non ignaro di retorica. E si può risalire a ritroso nel tempo fino all'alto medioevo: cosí scopriamo che l'elemento realistico-quotidiano e la *scurrilitas* di cui i predicatori macaronici fanno largo uso sono già presenti, per esempio, anche nella prosa di Raterio di Verona; e già in Cesario di Arles, nella sua «eloquenza concreta, operante sul terreno quotidiano», Auerbach riconosce una volontà di «agire cosí concretamente che il suo ascoltatore si senta colpito» quale noi scopriamo, violenta, esasperata, in certe prediche di Bernardino da Feltre, del Barletta o del Soncino... Tra il predicatore del tardo medioevo e il pubblico che lo ascolta, un pubblico che solo le forti sensazioni possono scuotere, il rapporto dialettico è teso fino al limite estremo. L'antico dialogo simulato si trasforma in invettiva grossolana, in epiteti sempre piú crudi: e le parole, sovraccariche di energia, vengono «sparate» sugli ascoltatori (è Bernardino da Feltre che suggerisce l'immagine): «emisit illam infocatam orationem come una bombarda»[24].

La «barbara consuetudo» (il rimprovero viene dagli umanisti) dei predicatori, di cui i *sermones* feltrini sono il

---

[24] L. Lazzerini, «*Per latinos grossos*». *Studi sui sermoni mescidati*, in «Studi di filologia italiana», XXIX, 1971, pp. 249-50.

piú perspicuo esempio, tutti calati in una ibridata miscela di *sancta rusticitas* alla quale non mancano ilari e sconvolgenti momenti di *scurrilitas*, subí l'influsso della tradizione giullaresca e del recitativo drammatico buffonesco (le prediche di Carnevale venivano recitate forse nello stesso ambiente ecclesiastico): una tradizione di cosí alto gradimento popolare, inestricabilmente radicata ovunque da dover esser adottata da san Francesco. Anche molte pagine del francescano Salimbene, pullulanti di «trutanni» e di «truffatores», di ciarlataneschi imbroglioni, di salaci beffatori, di laidi «burlieri», sono immerse in questo clima culturale a predominante componente scatologica del quale la retorica sottolineò la vitalità teorizzando l'opposizione binaria *seria/ludicra, seria/iocosa*.

Il gilsoniano «sel franciscain» aiuta a capire non solo i cosiddetti «ioca monacorum», ma anche la summa di questo universo linguistico ibridato, la grande macchina grottesca ricostruita, reinventata, rinnovata dal *cordelier* Rabelais che non può essere interamente valutata se non si tiene conto dell'enorme influenza esercitata dal mondo folclorico sulla lingua, le forme, gli spiriti del comico medievale.

È quindi necessario mettere in luce il rapporto intercorrente fra il prete-giullare (o buffone sacro) che recitava dentro la chiesa e il buffone «profano» che si esibiva di solito davanti al *fanum*, cioè al tempio, in un'area pur essa investita di sacralità, attori entrambi di una drammatica formalmente conflittuale ma intimamente convergente.

Il predicatore, a quanto pare, non disdegnava di trasformarsi sul pulpito in mimo, quasi a continuare nel tempo la tradizione del chierico-giullare... La circostanza assume un interesse ancora maggiore se si considera come il costume della mescidanza sia una caratteristica costante nel tempo dei giullari e comunque dei «teatranti» di professione[25].

Il buffone medievale, erede della sacertà pagana demonizzata dal cristianesimo, era stato buttato fuori dal tempio, privato della sua area di pertinenza dai sacerdoti del nuovo culto che lo avevano allontanato, interdetto, reificato; e, applicando contro di lui una tecnica usuale alle autocrazie dispotiche, lo avevano additato alla riprovazione universale, qualificandolo come demente, come pazzo. Innumerevoli sono le invettive agostiniane e di altri eminenti padri fondatori contro i «dementes», gli «amentes», gli «insipientes», cioè contro gli sciamani degli antichi culti di fertilità e i loro innumerevoli seguaci. In questa prospettiva di frenetica *désaffectation* dell'antica *religio*, rientrano non solo le continue bordate contro gli «stulti homines», contro la «stultitia miserorum hominum», contro gli «homines imperiti et rustici», «stulti et ignantes Deum»; non solo l'ossessiva riprovazione dei «sordidissimi et impiissimi homines», ma anche le medievali deprecazioni della «insolentia», della «turpitudo», della «spurcitia... fatuorum... stultorum», della «spurcitia» buffonesca praticata dai «sacrilegi profanatores, ac rerum sacramentalium detestabiles irrisores».

L'antico mediatore fra i vivi e i morti, fra le forze della luce e delle tenebre, del suolo e del sottosuolo, il mistagogo della scatologia sacra, il santo pronubo dei riti di fecondità, del «folle amore» (*Paradiso* VIII 2) condannato

[25] *Ibid.*, p. 268.

da Dante come trasgressore dell'etica cristiana, ispirato
dalla «bella Ciprigna» cui

> ...faceano onore
> di sacrificio e di votivo grido
> le genti antiche nell'antico errore

l'antico ministro dei ludi ierogamici viene vituperosamen-
te degradato a *fatuus*, a *stultus*, a *Narr*, a *fool*, a laido *bufo*.
Buffone è parola che conserva qualcosa dell'alone dell'o-
scena scurrilità di ascendenza precristiana, l'eco deforma-
ta delle litanie e delle cantilene propiziatorie dei *sacra*
agrari a prevalente componente oscena, sessuale e fisiologica. Il naturalismo sordido del buffone intorbida e contamina fino a rendere irriconoscibili le voci dell'antica liturgia sottoposte alla irosa *castigatio* dei maestri del culto
recenziore: «phreneticus et insanus balare diabolico more, saltare, verba turpia et amatoria vel luxuriosa cantare», «carnalem et luxuriosam laetitiam», «verba turpia
et luxuriosa», «verba turpia et amatoria vel luxuriosa
cantare», «infelicem risum». Dopo la caduta degli antichi idoli, la gente rimasta a loro fedele ancora praticava
«balationes et saltationes *ante* ipsas basilicas», davanti alle chiese innalzate al nuovo culto, in un singolare ibrido
incrociarsi di liturgie diverse: «in sanctis festivitatibus
[nelle feste cristiane], choros ducendo, cantica luxuriosa
et turpia proferendo de lingua sua». Le «paganias... quas
stulti homines iuxta ecclesias ritu pagano faciunt» continuarono ben oltre le deprecazioni di san Bonifacio (secolo VIII) [26].

«I giullari – ha osservato Eugenio Battisti – spesso so-

---

[26] *Patrologia latina*, 89, col. 808.

stituirono i sacerdoti, o ne ereditarono le funzioni nelle processioni mascherate, allo stesso modo in cui nel teatro cerimonie in maschera (come il coro delle rane d'Aristofane) vennero spesso riprese, per lo piú, sotto forma di satira» [27]. E recentemente Lucia Lazzerini, con una serie di penetranti accostamenti, ha richiamato l'attenzione sopra la figura del *mimilogus* o *minister* (da cui, anche linguisticamente, nasce il *ménestrel*), mago-sacerdote di culti precristiani, la cui funzione troviamo indicata, con termini diversi, presso altri gruppi *ethnici*: tali, aruspici e indovini, erano i sassoni *satrapae*. Nel crepuscolo del mondo tardo-antico, nel generale conflitto di lingue, culture, religioni, s'illumina d'una luce simbolica e d'un eccezionale valore paradigmatico quel *minister* di tribú guasconi idolatre il quale, come racconta la *Vita Amandi episcopi*, cerca d'opporsi alle infiltrazioni cristiane e alla predicazione del Vangelo con tecniche comico-giullaresche, parodistiche e d'abbassamento: «lubricus nec non insuper et superbus atque etiam apta cachinnans risui verba» [28].

Il riso, il cachinno, l'oscenità verbale e gestuale, cosí come il poliglottismo, l'ibridismo linguistico, la capacità di mimesi fonica della voce, le tecniche espressive suasorie, la fascinazione e la narcosi verbale, facevano parte del repertorio del buffone, del ciarlatano, del commediante e, in parte, del predicatore (in altra misura e dimensione non erano sconosciuti al mondo universitario e al teatro goliardico medievali).

Ma solo la parola bassa, turpe, escrementale inventata

[27] *L'antirinascimento*, Feltrinelli, Milano 1962, p. 206.
[28] L. Lazzerini, *Arlecchino, le mosche, le streghe e le origini del teatro popolare*, in «Studi Mediolatini e Volgari», xxv, 1977, pp. 143-44.

(o evocata) dall'istrione per innescare il corto circuito del
riso (magico strumento di fecondità), per provocare l'in-
sorgenza inafferrabile del comico, fa del buffone medievale e rinascimentale (pur nell'inevitabile fraintendimen-
to della primitiva funzione) l'operatore fascinoso erede
dello sciamano turpiloquente, dello stregone sacro recita-
tore di litanie «oscene». La paura, il disagio, il brivido indotto dal contatto col buffone, l'irresistibile sommovi-
mento viscerale che ne derivavano, scaturivano da un remoto senso di sacralità, «nozione di segno duplice: positivo "ciò che è carico di presenza divina", e negativo "ciò
che è proibito al contatto degli uomini" »[29].

Al filosofo aristotelico Agostino Nifo, esperto anche
de re aulica, osservatore attento della corte splendida e
strana di Leone X, il papa del quale era difficile «giudi-
care chi piú gli dilettasse, o la virtú de i dotti o le ciancie
de i buffoni»[30] e nei cui appartamenti privati entravano
ed uscivano «ad ogni ora... pazzi, buffoni e simil sorta di
piacevoli»[31], apparivano esorcisti del riso scatologico,
scurrili inventori d'invereconde risate, «scurrae... qui risum ab audientibus captant, quosque graeci βωμολόχους
vocant. Nam ridicula cum turpitudine componunt »[32].
La loro turpitudine verbale era l'equivalente di quelle
«sozzure fertilizzanti» lanciate negli antichi riti di

[29] É. Benveniste, *Il vocabolario delle istituzioni indoeuropee*, Einaudi, Torino
1976, vol. II, pp. 410.
[30] P. Aretino, *Lettere*, in *Tutte le opere di Pietro Aretino*, Mondadori, Milano
1960, p. 41.
[31] A. Graf, *Un buffone di Leone X*, in *Attraverso il Cinquecento*, Chiantore,
Torino 1926, p. 300.
[32] *De re aulica ad Phausinam libri duo per Augustinum Niphum medicem*, Nea-
poli, Ioannes Antonius de Caneto papiensis excudebat anno 1534, lib. I, cap. VI
(pp. nn.).

fertilità che sopravvivevano parzialmente negli *charivaris* medievali.

Con l'ostracismo decretato alla «pesante ribalderia scatologica» (cui Jakobson ha riconosciuto la funzione simbolica di magico fertilizzante), scomparivano in fin dei conti dalla scena le ultime tracce del teatro medievale; e con esse «la stretta, persistente interazione fra il dramma liturgico e il folklore innestati l'uno sull'altro», e «i riti precristiani quale substrato comune dei due settori... particolarmente evidenti nella componente comica della rappresentazione misterica», seppelliti definitivamente dalla commedia borghese [33].

Il comico è sempre degradante e trasgressivo per sua intima natura. Lo era fin dai tempi delle origini del teatro quando i contadini e i pastori greci allestivano nei boschi e nei villaggi rappresentazioni sacre alle potenze oscure della fertilità, ridicolizzando con la satira gli aspetti negativi della vita sociale: «Rustici gestientes, humanos actos laetissimis carminibus irridebant» (Cassiodoro, *Variae* IV 5). La lettera del cancelliere teodoriciano spiega anche come il teatro, nato nelle campagne, momento centrale della ritualità agraria, fosse stato in seguito rapito dalla città.

Cum agricultores feriatis diebus sacra diversis numinibus per lucos vicosque celebrarent, Athenienses primum agreste principium in urbanum spectaculum, collegerunt.

Il *sacrum* celebrato nei boschi e nei villaggi si restringerà alle dimensioni di spettacolo cittadino, con una spacca-

[33] Lazzerini, *Arlecchino* cit., p. 155. Per «Il riso e il letame» v. della stessa studiosa l'introduzione a *Audigier*, Sansoni, Firenze 1985, pp. 68-85. E per questo «ripugnante» poemetto antico francese, L. Borghi Cedrini, *La cosmologia del villano*, Edizioni dell'Orso, Alessandria 1989.

tura che si accentuerà in epoca moderna fra teatro di corte
(e poi nell'accezione attuale del termine che rimanda au-
tomaticamente a un luogo chiuso) e teatro popolare all'a-
perto (il teatro di stalla ne è una stanca variante, un momento di deculturazione e di decadenza) col suo repertorio di *mariazi, momerie, diavolerie,* farse, giuochi spettacolari (*ludi*) carnevaleschi, danze e balli rituali.

La «ribalderia scatologica» contaminava non soltanto
il dramma religioso medievale ma costituiva il motore
propulsore del teatro e della letteratura che si ispiravano
al grande giuoco carnevalesco. Le farse di Giovan Gior-
gio Alione sono un segno di come la nobiltà del primo Ri-
nascimento continuasse a divertirsi con modelli culturali
medievali (l'autore era un aristocratico astigiano). *Le buf-
fonerie del Gonnella,* poemetto in ottave ripetutamente
stampato, la *Novella de uno prete il qual per voler far le cor-
na a un contadino se ritrovò in la merda lui e il chierico*
(1535) del cantastorie udinese Eustachio Celebrino, *La
prodica vita dell'immoderato Lippotopo* (1536) di Giovan-
battista Dragoncino da Fano, sono soltanto alcuni reperti
d'un universo comico-escrementale che nel ciarlatano-
giullare aveva trovato il suo portaparola, e nel buffone il
suo *inventor* istituzionale.

L'azione profilattico-apotropaica riconosciuta al linguaggio e al gesto osceno in tutte le culture, il valore de-
terrente del «parlar grasso» (il carnevalesco linguaggio
«squaquarante» contrapposto al parlar stitico della Quaresima) e l'inscindibile rapporto riso-oscenità – una specie di «corto circuito solutorio, che si verifica nella opposizione fra emergenza di un nucleo emozionale "serio"
(ansia da crisi) e un evento "banale" o "triviale" (osceni-

tà)»[34] – autorizzano a vedere nel buffone l'interprete piú
serio e accreditato del rituale del riso.

Il buffone sguazza nello sterco e nel giuoco di parole
basse e fisiologiche, perennemente coinvolto con gli
escrementi, col segno primo della vita e della civiltà agraria. Un libro cosí profondamente dialettale e «folclorico»
come *Il trecentonovelle* dà consistenza letteraria all'epo-
pea del buffone italiano del XIV e del XV secolo, al Gonnella, a Dolcibene, a Popolo d'Ancona, a Ribi, a Stecchi e
Martellino, avanguardia letteraria d'altri innumerevoli
contrefazedors delle corti feudali del declinante Medioevo. Una novella (la CXLIV) ha come scena la prestigiosa
corte veronese di «messer Mastino» al culmine del suo
splendore («quando era nel colmo della rota»). Conven-
gono a Verona in occasione d'una delle innumerevoli feste degli antichi Stati (calano come avvoltoi sul cadavere o
come mosche sull'unto avrebbe detto il chierico Cuon-
radus) «tutti i buffoni d'Italia» e fra loro Stecchi e Martellino «tanto piacevoli buffoni quanto la natura potesse
fare». Costoro (il titolo della novella è illuminante) «...
con un nuovo giuoco e con un lordo, in presenza di messer Mastino, con la parte di sotto gittando molto fastidio,
o feccia stemperata, infardano due Genovesi con li loro
ricchi vestimenti, da capo a piedi». Esempio particolarmente esaustivo di *gros comique*, davanti al nobile signore, nella sala principesca della corte, si svolge il «nuovo
giuoco» dominato dalla «mostarda liquida e fecciosa» di
Stecchi con la quale il buffone aveva «sconcagato» la sala

[34] A. M. Di Nola, *Antropologia religiosa. Introduzione al problema e campioni
di ricerca*, Vallecchi, Firenze 1974, p. 86.

dopo aver innaffiato i «molto puliti e pieni di moscado»
genovesi che disavventuratamente erano stati fatti av-
vicinare con uno stratagemma al «forame» o «culatta-
rio» del buffone fiorentino. Tutta giuocata in chiave di
linguaggio «basso», le parti basse e gli escrementi vi svol-
gono un ruolo terapeutico e apotropaico. Il signore di Verona, come tutti gli altri, rise a lungo, d'un riso pieno, irre-
frenabile, liberatorio.

Il «giucolare», l'«uomo di corte» (cosí, dallo spazio a
lui riservato, nel giuoco dialettico regalità/dissacrazione,
sacro/osceno, veniva comunemente indicato il buffone),
controfigura stercoraria degli spiriti sotterranei, dei demoni della fertilità, ha il ventre gonfio di escrementi come
il Baffellus folenghiano che

> ... tamquam bosaccarus inflat
> ingentem panzam, et plenam fece botazzum...
>
> (*Baldus* XXI 149-50)

il quale, se colpito nel ventre, si scioglie in un mare di
merda:

> ... calcem calidum vibravit eidem
> quem smagazzavit rafioli more tenelli,
> merdaque corporeis cunctis de partibus exit.
>
> (*ibid.* XXI 228-30)

Ma anche quando non è in contatto con gli escrementi,
il buffone giuoca come un bambino:

> ... en quidem saltat avantum
> buffonus, mattusque magis, magis imo famattus,
> namque cavalcabat cannam de more citelli,
> cumque manu laeva corseri fraena regebat,
> cumque manu dextra giostrabat fuste canelli,
> in cuius summo gyrabat giocola quaedam,

quam, dum currit homo, ventus facit ire datornum.
Da panno fert ille duas, quas drizzat, orecchias,
quas de capuzzino fratesco supra tacarat,
cusitumque tenet strepitosum quaeque sonaium.
Saltat hic, atque facit manibus, pedibusque morescam[35].

Come il diavolo, il buffone deve saper cambiare pelle, contraffarsi, parlare tutti i linguaggi di tutte le arti. Il grande Gonnella, massimo esempio di poliglottismo buffonesco, era non solo una prodigiosa macchina riproduttiva di favelle diverse, ma anche un singolare maestro della contraffazione mimica e del trucco:

> Ora devete sapere che esso Gonnella avea in sé molte parti che il rendevano mirabilmente meraviglioso; e tra l'altre, ogni volta che voleva, in un batter d'occhio sapeva cosí mastramente trasformar le fattezze del volto che uomo del mondo non ci era che lo conoscesse, e in quella trasformazione saria durato tutto un giorno. Parlava poi ogni linguaggio di tutte le città d'Italia sí naturalmente, come se in quelli luoghi fosse nasciuto e stato da fanciullo nodrito[36].

L'ibridismo linguistico ricercato dai commediografi del Cinquecento costituiva da sempre uno degli elementi chiave dell'espressionismo dei buffoni, cosí come la loro pratica nei dialetti di tutta Italia non fu senza seguito prima sul Cinquecento veneto e poi sull'esplosione di lingue municipali e di letterature regionali del Seicento. Scrittori come Ruzante, Calmo, Magagnò, Maffeo Venier scelsero consapevolmente lo strumento espressivo dialettale sia per un recupero dell'arcaico, sia per polemica contro la lingua «fiorentinesca».

---

[35] Teofilo Folengo, *Baldus*, a cura di E. Faccioli, Einaudi, Torino 1989, p. 874 (xxv, vv. 581-91).
[36] M. Bandello, *Le novelle*, in *Tutte le opere*, a cura di F. Flora, Mondadori, Milano 1935, vol. II, p. 630.

Lo spirito del comico verbale buffonesco si è conservato, passando di generazione in generazione, fino al repertorio dei comici d'oggi e alle loro tecniche di sollecitazione del riso (si pensi al grande Totò). Una paronomasia come *parlamento / pappamento* (pronunciata da Ugo Tognazzi in un episodio del film *I mostri*) esce dallo stesso conio dal quale sortivano nel XIV secolo giuochi verbali come *testamentum / stentamentum* (Zaffarino) o, nel XVI, nel teatro popolare bolognese, *cittadin / stintadin* (Bombello), in una catena ininterrotta d'invenzioni linguistiche che potevano anche portare a lunatiche acrobazie verbali (sembra che la comicità di Coviello fosse costruita su questo fragile contrappunto a sintassi sconnessa) che in parte rivivono in quei precari edifici di parole che innervano i traballanti monologhi di Walter Chiari, condotti sul filo dell'assurdo e sempre (in apparenza) sul punto di crollare.

Le legnate e le sberle del teatro dei burattini, la comicità meccanica e di movimento colta nel suo momento parossistico, sembrano rivivere anche nella farsa di stile anglosassone, nella *slapstick comedy*, la commedia delle sberle, in cui riaffiora il medievale *bufo* – l'uomo degli scapaccioni – nelle versioni filmiche moderne dei MacSennet, dei Ben Turpin, dei Fatty, dei Charlot. È, in fondo, la stessa comicità dei clowns del circo, *tricksters* malinconici e decaduti, eredi a loro volta degli antichi *mimi calvi* e dei medievali buffoni, delle maschere carnevalesche, nasuti e ventruti parti della disarmonia grottesca del corpo umano, gonfio di escrementi e di feti. Mascherati, contraffatti, deformi, maneschi, pronti agli scapaccioni e alle gomitate, ai concerti dissonanti, il loro grottesco stereotipo è già abbozzato nelle pagine di Marziale, Cipriano, Tertulliano, Arnobio («Delectantur, ut res est, stupidorum capitibus rasis, salpictarum sonitu atque plausu, factis et dictis turpibus...», *Adversus nationes* VII 33).

«Il recitar mascherato – osservava Andrea Perrucci alla fine del XVII secolo – è restato alle parti de buffoni e ridicoli, dandoli caricatura di color bruno, naso o grande o schiacciato, occhi piccioli o lipposi, fronte arrufata, capo calvo»[37]. È il ritratto del pagliaccio che tutti conoscono, con quella testa perfettamente calva, d'una calvizie cerea e irreale da preparato anatomico, con quel gelido cranio mortuario che pure può essere utilizzato mirabilmente come sorgente artificiosa di riso. Nello scontro fra Bertoldo e il parassita Fagotto «uomo grosso, picciolo di statura, con il capo calvo» lo sketch, giuocato sul doppio registro del comico verbale e d'azione, finisce con la «zucca» di Fagotto centrata da un potente sputo di Bertoldo.

Le «facezie ridicole», infatti – secondo la teorica della commedia all'improvviso – possono celarsi negli «spropositi o deformità della natura, ne' volti scontrafatti, di caricature di naso, fronti aguzze, calvizie, orecchie lunghe, storpii di gambe»[38]: il contraffatto e «mostruoso» Bertoldo è una perfetta facezia vivente.

Le «fonti profonde del comico»[39] agiscono nella farsa moderna con tecniche d'estrema semplicità. Le torte in faccia – irresistibile momento d'elementare comicità – possono venire considerate la versione castigata del lancio

---

[37] *Dell'arte rappresentativa premeditata e all'improvviso*, testo, introduzione e bibliografia a cura di A. G. Bragaglia, Sansoni, Firenze 1961, p. 216.

[38] *Ibid.*, p. 249.

[39] E. Morin, *L'industria culturale*, il Mulino, Bologna 1963, p. 65.

propiziatorio di sporcizie ed escrementi praticato nei riti
nuziali antichi, sozzure fertilizzanti (come il letame per i
campi) e bene auguranti: lanci rituali di *spurcitia*, confetti
scatologici, allegro momento d'un rito di passaggio auspi-
cante fertilità alla nuova coppia, di cui permane traccia
negli *charivaris* alto-medievali.

Il rapporto genetico escrementi-torte (un legame del
tutto simbolico, perché la torta in faccia non può se non
per via analogica essere ricondotta alla funzione escrementale) si può intravedere nella novella XXIV di Franco
Sacchetti. Il tardo Medioevo ripeteva nei gesti dei buffoni
e nella loro inconscia funzione di demoni della fertilità rituali d'origine rurale divenuti ormai incomprensibili seppur si dovesse percepire oscuramente la profonda connessione dell'elemento comico con la dialettica nutrizio-
ne-defecazione, l'asse portante della vita stessa. In questa
novella si legge che Dolcibene, mostro sacro della buffo-
neria italiana del Trecento, durante un pellegrinaggio al
Santo Sepolcro, dopo aver provocato e scazzottato un
ebreo, venne da altri giudei inferociti serrato in una sina-
goga e lí, durante la notte, «nel mezzo del tempio scaricò
la soma». La mattina seguente gli ebrei, furibondi per
l'incredibile oltraggio inferto al loro Signore, si precipita-
rono su di lui per ucciderlo e lo avrebbero distrutto se il
«re dei buffoni» non avesse avuto un lampo di geniale
imbecillità ecumenica:

> – Io non fui io; ascoltatemi, se vi piace: stanotte in su la mezza
> notte io senti' gran romore in questo luogo; e guardando che fosse, e
> io vidi lo Dio vostro e lo Dio nostro che s'aveano preso insieme e dà-
> vansi quanto piú poteano. Nella fine lo Dio nostro cacciò sotto il vo-
> stro, e tanto gli diede che su questo smalto fece quello che voi ve-
> dete.

Udendo li Judei dire questo a messer Dolcibene, dando alle parole quella tanta fede che aveano, tutti a una corsono a quella feccia,
e con le mani pigliandola, tutti i loro visi s'impiastrarono, dicendo:
   – Ecco le reliquie del Dio nostro.
   E chi piú si studiava di mettersene sul viso, a quello parea esser
piú beato; e lasciando messer Dolcibene, n'andarono molto conten-
ti, con li visi cosí lordi... [40].

Il comico popolare – come si vede – è sempre collegato
alla *spurcitia*, alla materia escrementale. La maschera del
buffone cela il sacro esorcista del riso, il mediatore fra lo
sterile nulla e la feconda vita. Concime e sale dell'esistenza, la facezia scatologica ne è il catalizzatore biologico e
culturale.

I grandi modelli teologico-sociali, le perfette piramidi
triangolari medievali vengono simbolicamente irrise e
ideologicamente mandate in pezzi da un «rusticus turpissimus», da un turpiloquente buffone dei campi, corto,
grosso e tondo, fratello di una meretrice e marito di una
specie di strega campestre, una grassa *baba-jaga* delle
steppe anteriore allo stadio iconico della «vecchia», che,
demonizzato, rappresenterà a lungo il volto vulgato della
strega occidentale. Nel *Dialogus Salomonis et Marcolphi* è
detto in stile oracolare e misterico che la deforme famiglia
veniva dall'est, «a parte orientis», come il sole e la luce,
come i profeti, i predicatori di religioni, come l'idolo bestiale venerato nelle feste dei folli, l'asino, che, non a caso,
come intonava l'inno a lui dedicato, cantato durante le feste extraliturgiche del ciclo natalizio, «orientis partibus /
adventavit». Questa singolare trimurti ricrea una coerente figura triangolare, probabile parodia del modello trini-

[40] Sacchetti, *Il trecentonovelle* cit., p. 63.

tario, incarnata da una sacerdotessa (gravida) della Venere pandemia, da un «grossatesta» irsuto ma «eloquentis-
simus», vero e proprio fallo parlante, gnomo della fertilità tellurica e da un muto simulacro, taciturna e massiccia
immagine della sessualità segnata da una mostruosa iper-
trofia genitale (in particolare delle mammelle) – simile
agli idoli muliebri piú arcaici della fecondità, come la Venere neolitica di Savignano sul Panaro, o la debordante
mulier di Willendorf.

Ircocervo di bestialità agraria, scrofa, asina, capra, serpente (una mostruosa Eva che ha risucchiato il sedutto-
re), figura d'indicibile primitività e rozzezza che allontana
in un limbo remotissimo non solo la figura della dama ma
pur anche quella della pastorella, schiacciata da questa
«signora degli animali», dilatata, steatopigica, ipertrico-
tica. Allo stesso modo, sotto la maschera del sapientissi-
mo Salomone, si possono intravedere altre e diverse immagini uscite dalla cultura folclorica assorbita e rifunzio-
nalizzata dalla cultura ecclesiale. Il divieto di dormire imposto – pena la morte – a Marcolfo, rispecchia uno strato
ben piú remoto: quello, ad esempio, dell'«eroe che gioca
a carte con la strega e viene preso da un sonno invincibile.
Egli la inganna per due volte dicendole che non dormiva
ma che stava riflettendo. La terza volta però, quando am-
mette di essersi addormentato, la strega tenta di divo-
rarlo»[41].

Questo classico esempio tolto dal folclore dolgano in-
veste d'una luce sinistra l'orco-stregone Salomone, col si-

---

[41] Cfr. V. Ja. Propp, *Le radici storiche dei racconti di magia*, Newton Comp-
ton, Roma 1977, p. 85.

tuare il contrasto tra l'alto e il basso in una zona di ritualità diversa dalle solite innocue «disputationes», dalle accademiche «artes apponendi et respondendi» della medievalità scolastica. Innesca un corto circuito comico sopra un arcaico motivo fiabesco:

SALOMON ... Sed si in hac nocte tam bene non vigilaveris sicut ego, in crastino de capite tuo non poteris confidere.

MARCOLFUS Laudo.

Tempore autem vigilie adveniente rex Salomon et Marcolfus consederunt, parvoque intervallo facto Marcolfus dormitare et runcare cepit.

SALOMON Dormis, Marcolfe?

MARCOLFUS Non dormio, sed penso.

SALOMON Quid pensas?

MARCOLFUS Penso tot iuncturas esse in leporis cauda quot in spina.

SALOMON Nisi hoc probaveris, reus eris mortis.

Post hec Salomone tacente Marcolfus dormire et runcare cepit.

SALOMON Dormis, Marcolfe?

MARCOLFUS Non dormio, sed penso.

SALOMON Quid pensas?

MARCOLFUS Penso tot pennas in pica esse albas quot nigras.

SALOMON Nisi hoc probaveris, reus eris mortis [42].

«Nigra» come la terra fertile e nascosta, «terribilis et rustica», Politana costituisce l'appendice carnosa di Marcolfo «follo», del coprolalico buffone contadino che ha impresso le orme dei suoi grandi, rotondi piedi dagli Urali all'Atlantico, in tutti gli angoli dell'Eurasia medievale,

---

[42] *Dialogus Salomonis et Marcolphi*, in appendice a G. C. Croce, *Le sottilissime astuzie di Bertoldo...*, a cura di P. Camporesi, Einaudi, Torino 1978, p. 185. Vedi ora *Il dialogo di Salomone e Marcolfo*, a cura di Q. Marini, Salerno, Roma 1991.

Marcoul le foole in Francia, *Mark more foole* fra bretoni e caledoni.

I tre pilastri della società medievale, i tre *status* cui, per non mondana volontà, è delegato l'ordine ineluttabile e provvidenziale che governa il mondo, gli *oratores*, i *bellatores*, i *laboratores*, vengono messi simbolicamente in crisi dall'irruzione di questo stracciato e sciancato drappello di barbari della steppa che si affacciano al confine dell'Europa colta per buttarvi un'immagine di vita e una nozione di cultura diversa, eterodossa, dissacrante. Le tre grottesche e mostruose figure di Marcolfo, Politana e Fusada, la cui anagrafe letteraria è da collocarsi nell'officina d'inquieti chierici intenti ad ascoltare e a mettere a frutto anche le voci che provengono dal basso e dalla periferia, a sconfessare e irridere la cultura ufficiale cui appartengono, vivono in uno spazio compositivo che accoglie linguaggi, voci, leggende, proverbi, aneddoti e anche profonde convinzioni popolari fermentate nel macrocosmo folclorico a prevalente registro comico-satirico, spavaldamente irrispettoso delle *auctoritates*, conscio della sua funzione di controllo dal basso (innato alla satira) e perciò di rovesciamento del verticismo ammantato di sacra regalità. In questa prospettiva le parti corporee, basse, usate come laidi proiettili linguistici, assolvono a una funzione liberatoria, livellatrice e insieme propiziatrice, a un esorcismo verbale che fa del protagonista del *Dialogus* un grande stregone di culti agrari trionfanti sopra i simboli del potere dei primi due ordini. Questa coprolalia sciamanica, ossessiva come una di quelle oscene *cantilenae rusticae* a sfondo magico-fertilizzante riprovate fin dalle origini dal cristianesimo, svaria anche nella prospettiva della farsa rituale con la sconcia immagine del sacerdote-buffone condannato a essere non crocefisso ma impiccato, sullo sfondo di un paesaggio che (non a caso) ricorda quello della presenza terrena di Cristo («Et pertranseuntes vallem Iosaphat et clivum montis Oliveti pervenerunt usque ad Iericho...»); con l'antivergine Fusada che «curta erat et grossa, pregnantique ventre grossior, que habens spissas nates claudicabat utroque pede, vultu et oculis et statura similitudinem Marcolfi gerens», gonfia nel ventre di nuove vite, meretrice campestre e idolo della vegetazione. Ella cammina zoppicando per l'abnorme ridondanza delle natiche, schiacciata dalla pletora steatopigica come Politana, la quale reggeva su gambe troppo corte e troppo pelose («tybias breves et grossas in modum urse pilosas») un «podice» debordante, «nates valde grandes», portando fra le ipertrofiche mammelle («grossas mammas») una mosca di piombo, criptico barbarico segno di culto stregonesco, di *rusticana mulier* affiliata alla setta di Baal-Belzebú «princeps muscarum», una delle tante magnamosche o streghe campestri.

In questa prospettiva di scatologia fertilizzante nella quale la parola chiave è *culus* (con un indice di frequenza altissimo), accompagnata da *merda, caccare, mingere, vulva, latrina, strontius*, la presenza divinizzata del dio asino nel suo aspetto di *mana* riproduttore e moltiplicatore, si colloca in un altare privilegiato:

> Asellus in messe semper debet esse. Ubi pascit, ibi renascit; ubi pascit unam plantam, quadraginta resurgunt; ubi cacat, ibi fimat; ubi mingit, ibi rigat; ubi se volutat, ibi frangit glebas.

Nel *Dialogus Salomonis et Marcolphi*, almeno nella piú nota e completa redazione tardo medievale dove gli ele-

menti folclorici s'intrecciano con motivi colti ereditati
dalla lontanissima *Contradictio Salomonis*, emerge anche
con clamorosa evidenza come l'ordine fondato sopra i tre
status si sia ridotto ormai a battaglia simbolica fra due
classi (se ci è consentito usare questo termine anacronisti-
camente in avanti), a un *conflictus*, o *altercatio*, a un *ludus*
farsesco che rispecchia la condizione subalterna e la sua
rabbia in forme di rozza e scurrile icasticità. Al di là della
schermaglia astratta fra il piú sapiente e il piú stolto, al di
là degli artifici retorici, dei parallelismi e delle antinomie
usciti da una raffinata boutique intellettuale, emergono
drammaticamente le dure e sofferte tensioni sociali e le
dolorose frustrazioni dei *laborantes* (servi o liberi che fossero). Lo stile comico escrementale, attivando il meccani-
smo del riso demolitore della paura e del rispetto delle distanze gerarchiche, colloca su di un piano di incontri
straordinariamente ravvicinati Salomone simbolo del potere, della sapienza e della religione, la «massima *auc-
toritas* della cultura alta, in certi testi assunto a *praefigura-
tio* del Cristo»[43] e il «rusticus turpissimus», Marcolfo,
grottesco coboldo campestre, ipostasi entrambi di conflittualità sociale oltre che culturale. La permanente tensione fra le due culture, l'intricata implicanza fra forme
antiche e spiriti recenziori, porta a un intreccio sincretisti-
co di forme schemi motivi che trasforma in quasi incomprensibile enigma, in intricato e sfuggente teorema, il
punto di partenza iniziale.

[43] M. Corti, *Modelli e antimodelli nella cultura medievale*, in «Strumenti critici» XII (1978), n. 35, p. 22. V. ora la lucida indagine di D'Arco Silvio Avalle, *Le
maschere di Guglielmino. Strutture e motivi etnici nella cultura medievale*, Ricciar-
di, Milano-Napoli 1989.

In questo processo di morte e trasfigurazione delle forme pagane che rinascono, irriconoscibili, nella foresta dei simboli cristiani, va posta la profonda connessione fra cultura folclorica e dramma liturgico, fra rituale sacro (*risus paschalis*) e *ludus* parodistico profano. Anche se piú pertinente sarebbe parlare di farsa rituale (o di una ritualità farsesca) espressa da una sacralità diversa fondata sopra l'«incantesimo attraverso il riso»: un mistero buffonesco in cui – come ha messo in rilievo Roman Jakobson – la «parodia ha la funzione d'uno scongiuro» [44] e dove i «simboli giocosi prefigurano eventi solenni», poiché è l'«ilarità che rende possibile al comune uomo terreno di riaffermare se stesso di fronte al Misterioso», secondo una catena di punti di riferimento che riconducono la parodia alla magia. È il caso della parodia della Resurrezione giuocata su una pseudoresurrezione oscena e buffonesca per riaffermare magicamente la vittoria della carne e della Vita risorgente sulle ceneri della Morte. Anche nel folclore italiano (come in quello slavo) affiorano consistenti e documentate tracce di un rituale parodico e buffonesco della morte, ad attestare, nell'alternarsi perenne di generazione e di disfacimento, la vittoria della vita e della continuità. Ne sono segno inconfondibile quel riso sulle tombe e sui catafalchi, quei cachinni, quei ghigni, quelle cantilene che la Chiesa avrebbe voluto non sentire; quei «carmina diabolica, quae super mortuos vulgus cantare solet, et cachinnos, quos exercent, sub contestatione onnipo-

---

[44] R. Jakobson, *Il mistero parodistico medievale*, in Id., *Premesse di storia letteraria slava*, Il Saggiatore, Milano 1975, p. 224. Cfr. anche l'introduzione di B. A. Uspenskij a *Fiabe proibite russe* di A. N. Afanas'ev, Garzanti, Milano 1990, pp. 9-29.

tentis Dei, prohibite» (da un'omelia di Leone IV, secolo
IX) [45], le forme dell'allegria rituale, gli eccessi sessuali, le
esibizioni oscene delle lamentatrici.

L'*altercatio* fra Salomone e Marcolfo, la farsa a sfondo
rituale dalle probabili origini slavo-bizantine, va letta anche come parabola sociale proiettata nella contesa fra
«parti basse» della sfera ano-genitale del ciclo alimenta-
zione-defecazione (Marcolfo vi giuoca anche la parte del
fallo parlante, cosí come avviene nella tradizione folclorica slava in cui la «zona calva», il glande, viene ad identificarsi col *mimus calvus*) e le «parti alte» del corpo. Un
conflitto all'interno d'uno stesso sistema organico, una
lotta fra membri della stessa struttura anatomica, simbolo
d'una conflittualità fra due culture e due visioni sacre del
mondo rappresentate rispettivamente dal serio e dal comico, ma anche un conflitto interiore e dialettico inerente
all'essenza sacra dell'uomo, rispecchiato nei due volti
enigmatici di Giano, del vecchio e del nuovo, del cielo e
della terra, o dal gigante solare creatore e distruttore.

Il *Dialogus* non è solo un *certamen* fra codici espressivi
diversi, non è solo un torneo ravvicinato fra chi è ben pieno e satollo, fra il ricco («Sacietati repleti sumus, referamus
deo gracias») e chi ha millenni di privazioni nel ventre, ma
anche un *ludus* extraliturgico costruito su antifone salmo-
diate rispettivamente da un grande sacerdote e da un *mimilogus* laido, da una specie di stregonesco fallo parlante che
cerca di propiziare, con la liturgia coprolalica, la ricchezza e
la fertilità della sua grande tribú di schiavi e pezzenti che

---

[45] Mansi, *Sacrorum conciliorum nova, et amplissima collectio*, Zatta, Venezia
1769, XIV, col. 895.

soltanto nell'ebbrezza alienante del vino riescono a realizzare l'affrancazione dalla schiavitú e la parità col ricco:

Ieiunus est pauper qui ebrius sibi videtur dives.

Contemporaneamente il *Dialogus* si pone anche come registro espressivo alternativo «basso» a una *ars dictandi* aristocratica, come una nuova grammatica che sappia esprimere con voci nuove la disperazione dei pezzenti, dei diseredati, degli emarginati e degli schiavi:

Non equaliter cantat saturatus et ieiunus.

*Stampato per conto della Casa editrice Einaudi
dalla Fantonigrafica - Elemond Editori Associati*

C.L. 12758

Ristampa

0 1 2 3 4 5 6 7 8

Anno

91 92 93 94 95 96 97

Saggi brevi

Questa collana vuole proporre saggi che significhino anzitutto piacere della lettura. Scritti di letteratura e d'arte, di scienze umane e di scienze esatte, riflessioni e interventi su temi al centro della cultura contemporanea. Saggi brevi che, andando oltre il tecnicismo specialistico, ambiscano porsi come punto d'incontro di esperienze diverse, e sappiano tener desta la tensione intellettuale del lettore in virtú di una misura di espressione, di resa, di stile. Saggi brevi come luogo di ragionamento disteso, di pensiero mobile, di curiosità aperta verso territori da esplorare o da rivisitare.